Alkoholabhängigkeit, Abstinenz und Suchtselbsthilfe

Analysen, Perspektiven, Handlungsempfehlungen

Burkhard Kastenbutt, Heinz-Werner Müller

Alkoholabhängigkeit, Abstinenz und Suchtselbsthilfe

Analysen, Perspektiven, Handlungsempfehlungen

Bibliografische Information der Deutschen Nationalbibliothek:
Die Deutsche Nationalbibliothek verzeichnet diese Publikation in der
Deutschen Nationalbibliografie; detaillierte bibliografische Daten
sind im Internet über http://dnb.dnb.de abrufbar.

© 2016 Burkhard Kastenbutt, Heinz-Werner Müller

Coverbild: Burkhard Kastenbutt

Herstellung und Verlag: BoD – Books on Demand, Norderstedt
ISBN: 978-3-7431-3121-7

Inhaltsverzeichnis

1. Vorwort 7
2. Zu den Ergebnissen der Befragung 9
   - 2.1 Suchtselbsthilfe im Wandel 9
   - 2.2 Wege in die Abhängigkeit 11
   - 2.3 Trinkverhalten und Trinkertypologie 13
   - 2.4 Orte des Alkoholkonsums 17
   - 2.5 Formen der Mehrfachabhängigkeit 19
   - 2.6 Stoffungebundene Süchte 20
   - 2.7 Ursachen der Suchtmittelabhängigkeit 21
   - 2.8 Lebenssituation zu Beginn der Sucht 22
   - 2.9 Suchtverhalten und soziale Auffälligkeit 23
   - 2.10 Kapitulation und Neuausrichtung 24
   - 2.11 Suchtselbsthilfe, Abstinenz und Zufriedenheit 25
   - 2.12 Zusammenfassung der wichtigsten Ergebnisse 27
3. Handlungsempfehlungen 29
   - 3.1 Die Selbsthilfegruppe als sozialer Anker 29
   - 3.2 Ist die herkömmliche Selbsthilfearbeit überholt? 33
   - 3.3 Das Selbsthilfeangebot aufrechterhalten 35
   - 3.4 Die Grenzen der Selbsthilfe erkennen 40
   - 3.5 Risiken der Medizinalisierung der Sucht 42
   - 3.6 Frau und Sucht – kein Randthema 45
   - 3.7 Rückfälle weder verharmlosen noch dramatisieren 48
   - 3.8 Helfen ohne Perfektionsanspruch 51
   - 3.9 Selbsthilfe und Eigenverantwortung 52
   - 3.10 Abstinenz: der Weg ist das Ziel 53
   - 3.11 Flüchten oder standhalten? 54
   - 3.12 Die eigenen Bedürfnisse stärker einbringen 55
4. Durchführung der Befragung 57
5. Zusammensetzung der Stichprobe 59
   - Literaturverzeichnis 67
   - Anhang; Grundauswertung der schriftlichen Befragung 71
   - Über die Autoren: 107

1. Vorwort

Das dem Leser vorliegende Buch stellt die Ergebnisse und wesentlichen Erkenntnisse einer Befragung von Gruppen der Suchtselbsthilfe in Niedersachsen dar. Was war unsere Motivation zur Durchführung dieser Befragung? Welche Fragen haben wir uns gestellt? Was haben wir die Gruppenmitgliedern gefragt? Was waren die Antworten?

Zum einem richtet sich unser wissenschaftliches Interesse auf Fragen das ehemalige Trinkverhalten der Befragten betreffend, auf die Wege in die Sucht und auf die Wege in die Abstinenz. Zum anderen stellt sich, wie in vielen Bereichen der Gesellschaft, den Suchtselbsthilfegruppen die Frage nach der demografischen Entwicklung. Die Gesellschaft altert und mit ihr auch die Mitglieder der Suchtselbsthilfegruppen. Wie sieht die aktuelle Situation in den Suchtselbsthilfegruppen in Niedersachsen aus? Was kann man unternehmen, um die fortschreitende Überalterung der Gruppen aufzuhalten und mehr jüngere Menschen für die Arbeit in der Suchtselbsthilfe zu motivieren?

Im Folgenden werden wir unsere Ergebnisse darstellen und versuchen, ebenfalls Handlungsempfehlungen an die Gruppen der Suchtselbsthilfe zu geben. Die Handlungsempfehlungen sollen dabei helfen, die mitgliederstrukturellen Probleme der Selbsthilfegruppen zu überwinden, die Suchtselbsthilfe für neue Fragestellungen zu sensibilisieren und damit den kontinuierlichen Fortbestand derselben sicherzustellen.

Wie bei jedem Forschungsvorhaben haben wir viele Fragen beantworten können. Es stellen sich durch die Ergebnisse aber auch neue Fragen, die durch kommende Untersuchungen vielleicht geklärt werden können. Wir hoffen, dass Sie dieses Buch mit Interesse lesen werden und wir Ihnen neue Erkenntnisse vermitteln können.

Unser Dank geht an alle TeilnehmerInnen der Befragung in den Gruppen der Freundeskreise für Suchtkrankenhilfe in Niedersachsen und in den teilnehmenden Gruppen des Kreuzbundes im Diözesanverband Osnabrück. Ein besonderer Dank geht an alle Gruppenleitungen und an die Verantwortlichen in den teilnehmenden Suchtselbsthilfeorganisationen, die uns bei der Durchführung der

Befragung behilflich gewesen sind. Ebenso geht unser Dank an die AOK Niedersachsen für die finanzielle Förderung zur Realisation unseres Vorhabens.

Osnabrück, im November 2016

Dr. Burkhard Kastenbutt
Heinz-Werner Müller

2. Zu den Ergebnissen der Befragung

Wir hoffen, dass unsere Untersuchung einen differenzierten Überblick über den Weg in die Sucht und aus ihr heraus vermittelt. Beginnen wollen wir mit der Rolle der Suchtselbsthilfe für das abstinente Leben und den Auswirkungen des demografischen Wandels auf die Altersstruktur der Gruppen.

2.1 Suchtselbsthilfe im Wandel

Hilfe zur Selbsthilfe wirkt! Und zwar nicht nur akut, sondern auch nachhaltig, denn die meisten der von uns befragten Gruppenmitglieder schreiben dem Gruppenbesuch einen hohen Stellenwert bezüglich ihres abstinenten Lebens zu. Unsere Untersuchung zeigt darüber hinaus, dass die Suchtselbsthilfegruppen ein großes Potenzial zur Bewältigung sozialer und gesundheitliche Probleme besitzen. Sie fördern die gegenseitige Unterstützung und Hilfe, den Wissensaustausch und -erwerb sowie die Entwicklung sozialer Kompetenzen. Sie haben des Weiteren eine wichtige Funktion, wenn es um die soziale Integration von Betroffenen und gegen das Risiko der sozialen Isolation geht.

Wo Licht ist, da ist aber auch Schatten, denn die Suchtselbsthilfegruppen werden in den letzten Jahren immer stärker mit den Auswirkungen des demografischen Wandels konfrontiert, was sich darin zeigt, dass der Anteil älter Mitglieder relativ hoch ist. Zwar treten Betroffene nach unseren Berechnungen im Durchschnitt mit ca. 47 Jahren einer Suchtselbsthilfegruppe bei, das durchschnittliche Alter liegt in den Gruppen aber inzwischen bei 57 Jahren.

Das Durchschnittsalter der befragten Männer und Frauen unterscheidet sich dabei nur geringfügig. Kleine Unterschiede lassen sich nur bezüglich der Zeiten ihres Gruppenbeitritts feststellen. Bei den Männern geschieht dies im Durchschnitt im Alter von 46 Jahren, bei den Frauen im Alter von 48 Jahren.
Sehr unterschiedlich gestaltet sich dagegen die Verteilung der Altersgruppen, die wir nach Kategorien wie z. B. frühes und mittleres Erwachsenenalter aufgeschlüsselt haben.

Unsere Befragungsergebnisse machen deutlich, dass die 55- bis 64-Jährigen mit knapp 34 Prozent die größte Altersgruppe darstellen, gefolgt von der Gruppe der 45- bis 54- Jährigen mit 29 Prozent und der Gruppe der 65- bis 74-Jährigen mit 21 Prozent. Im Alter von 35 bis 44 Jahren sind ca. 6 Prozent der Befragten, älter als 74 Jahre ebenfalls knapp 6 Prozent. Zur Gruppe der 25- bis 34-Jährigen gehören 4 Prozent. Verschwindend gering ist dagegen die Anzahl derjenigen

Gruppenmitglieder, die jünger als 25 Jahre alt sind, denn diese Altersgruppe bewegt sich bei unter einem Prozent.

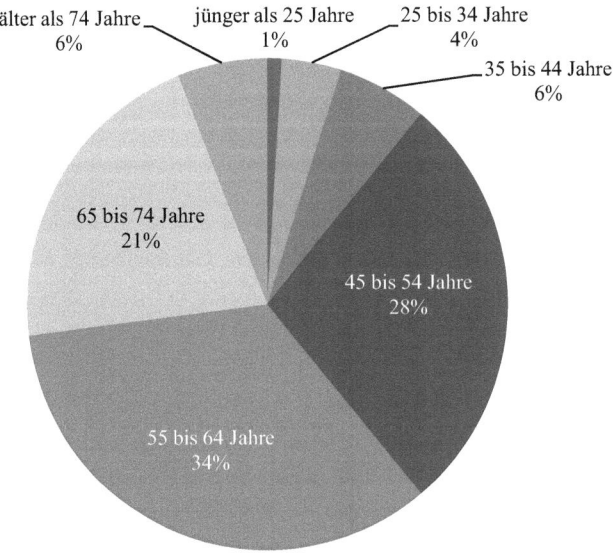

Abbildung 1: Altersverteilung der Befragten

Der Vergleich mit anderen Forschungsergebnissen zeigt, dass die Anzahl der Mitglieder der Altersgruppe der 25- bis 34-Jährigen in den letzten Jahren leicht angestiegen ist (vgl. DHS 2010). Dennoch stellen Betroffene im frühen Erwachsenenalter in den meisten der heutigen Suchtselbsthilfegruppen eine Minderheit dar. Es bleibt also abzuwarten, ob es gelingt, in den nächsten Jahren mehr junge Mitglieder für die Gruppenarbeit zu gewinnen (siehe zu diesem Thema auch die Handlungsempfehlungen in diesem Buch).

Zwei Drittel der befragten Gruppenmitglieder sind männlichen Geschlechts, ein Drittel weiblichen. Dies entspricht ziemlich genau den Anteilen männlicher und weiblicher Alkoholiker/innen in unserer Gesellschaft (vgl. DHS 2016).

Um Näheres über den Weg in die Sucht zu erfahren, haben wir die betroffenen Gruppenmitglieder danach gefragt, wann sie zum ersten Mal in ihrem Leben Alkohol getrunken haben. Es sei dabei darauf hingewiesen, dass insgesamt 96 Prozent der Befragten im Rahmen ihrer Sucht Alkohol missbraucht haben.

2.2 Wege in die Abhängigkeit

Zum ersten Mal in Kontakt mit Alkohol kamen dreiviertel der Befragten bereits in ihrer Jugendzeit (14. bis 25. Lebensjahr) und im frühen Erwachsenenalter (22. bis 35. Lebensjahr). Bei 18 Prozent fand der Erstkonsum noch vor dem 14. Lebensjahr statt. Nur 3 Prozent haben im mittleren Erwachsenenalter ihr erstes Glas Alkohol getrunken.

So sind knapp 70 Prozent der Männer in ihrer Jugendzeit zum ersten Mal mit Alkohol in Kontakt gekommen. Von den befragten Frauen haben 60 Prozent in ihrer Jugend zum ersten Mal Alkohol getrunken. Auch wenn die Prozentzahlen des Erstkonsums bei beiden Geschlechtern nicht allzu stark variieren, so begannen die von uns befragten Frauen mit dem Trinken im Durchschnitt später als die befragten Männer.

Wir haben aber nicht nur nach dem Erstkonsum von Alkohol gefragt, sondern auch danach, wann die Betroffenen mit dem abhängigen Trinken begannen.

Dazu sei vorausgeschickt, dass die Entwicklung einer Alkoholabhängigkeit nicht einheitlich verläuft, da verschiedene Faktoren dafür verantwortlich sind. Soziale und seelische sowie körperlich-organische Prozesse spielen demnach eine nicht zu verkennende Rolle. In diesem Sinne kann die Abhängigkeit auch nur anteilig durch die körperlich-organische Wirkungsweise des Alkohols erklärt werden.

Der Beginn des abhängigen Trinkens ist durch einen gesteigerten Alkoholbedarf und eine zunehmende Alkoholtoleranz gekennzeichnet. Im Vordergrund steht die Suche nach seelischer Erleichterung, wobei das Denken immer mehr um den Alkohol kreist. Um die ursprünglich durch geringeren Konsum erreichten Wirkungen hervorzurufen, sind im Laufe der Zeit immer höhere Alkoholmengen erforderlich, so dass ein starker Drang oder eine Art Zwang zum Trinken besteht.

Die Grenze zwischen ‚normalem' und einem ‚süchtigem Trinken' verläuft dort, „wo die Genussfähigkeit verloren gegangen ist und damit die Fähigkeit, einen Rausch zu erleben und vielleicht auch zu genießen, wo nur noch unter Zwang und zur Ichkontrolle und Unlustvermeidung getrunken wird" (Rost 2016: S. 101). Und genau darin bestehen die Unterschiede zu denjenigen Konsumenten, die Alkohol als Genussmittel in mäßiger und ausgewogener Form genießen können (vgl. Schmidt 1997; Feuerlein 2008).

Die meisten der von uns Befragten (45 Prozent) begannen mit dem abhängigen Trinken zwischen dem 22. und 35. Lebensjahr, 42.5 Prozent im mittleren Erwachsenenalter, also zwischen 36 und 65 Jahren. Knapp 9 Prozent betonen, dass sie bereits im Jugendalter mit dem abhängigen Trinken begonnen haben. Ein äußerst geringer Teil (1.3 Prozent) fing erst im Alter von über 65 Jahren mit dem abhängigen Trinken an. Suchtkranke, bei denen ein Altersalkoholismus zu verzeichnen ist, sind in den befragten Gruppen daher nur mäßig vertreten.

Interessant war es zu erfahren, welche geschlechtsspezifischen Unterschiede bezüglich des abhängigen Trinkens bestehen. So haben etwa die Hälfte der befragten Männer im frühen Erwachsenenalter (zwischen 22 und 35 Jahren) mit dem exzessiven Alkoholkonsum begonnen, knapp 40 Prozent von ihnen im mittleren Erwachsenenalter (zwischen 36 und 65 Jahren) und 11 Prozent im Jugendalter.

Anders dagegen die weiblichen Befragten, denn hier haben nur ca. 4 Prozent mit dem abhängigen Trinken im Jugendalter begonnen. Die meisten von ihnen (54 Prozent) begannen damit im mittleren Erwachsenenalter und knapp 37 Prozent im frühen Erwachsenenalter.

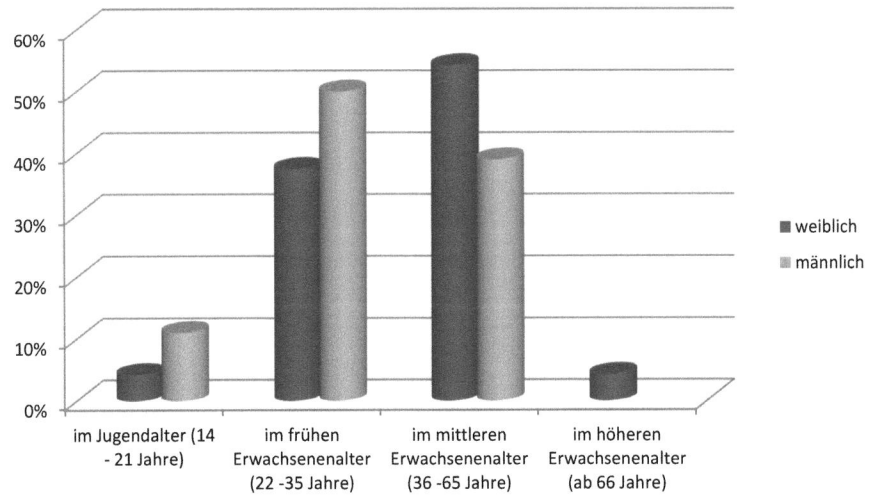

Abbildung 2: Beginn des abhängigen Trinkens

Wissenschaftliche Untersuchungen bestätigen, dass Frauen allgemein später mit dem abhängigen Trinken beginnen als Männer (vgl. dazu u. a. Franke 2005). Anlässe für ein solches Trinkverhalten sind bei ihnen oftmals belastende Ereignisse im direkten sozialen Umfeld und im Beruf. Dazu gehören u. a. nicht verarbeitete Konflikte und akute soziale und seelische Belastungen, die oftmals mit Stress einhergehen, worauf später noch weiter eingegangen wird.

Der Zeitraum des Problemtrinkens und des Übergangs in eine manifeste Alkoholabhängigkeit ist bei den befragten Frauen um einiges kürzer als bei den Männern. Auch entwickeln Frauen im Durchschnitt bereits nach fünf Jahren Alkoholmissbrauch schwere körperliche Schäden, während sich diese beim männlichen Geschlecht erst nach etwa zwölf Jahren zeigen (vgl. Lesch/Walter 2009: S. 10).

Dazu kommt, dass Frauen im Vergleich zu Männern bei gleichen Trinkmengen und gleichem Gewicht deutlich höhere Blutalkoholspiegel aufweisen, so dass bei ihnen ein höheres Risiko zu alkoholbedingten Organschäden besteht (vgl. Hendriks 2005: 89ff.). Abhängiger Alkoholkonsum ist bei Frauen zudem deutlich altersabhängig, denn dieser tritt häufig erst in der vierten bis fünften Lebensdekade in Erscheinung (vgl. Franke 2005: S. 459). Auch dies bestätigen die Ergebnisse unserer Untersuchung.

Als nächstes wollten wir wissen, welche Alkoholika die befragten Männer und Frauen im Rahmen ihrer Abhängigkeit konsumiert haben.

2.3 Trinkverhalten und Trinkertypologie

Ein überdurchschnittlich großer Teil der männlichen Befragten hat vor allem Spirituosen und Bier getrunken, weniger dagegen Wein und Sekt. Besonders begehrt waren Korn, Weinbrand und Wodka. Erwähnt wurden auch Kräuterlikör, Ouzo, Wachholder und Grappa. Bevorzugte die mittlere und ältere Generation der Männer eher Korn und Bier, waren es bei den 25- bis 40-Jährigen besonders Wodka und Korn.

Bei den befragten Frauen standen Spirituosen ebenfalls hoch im Kurs, zu denen Wodka und im geringeren Maße Korn und Weinbrand gehörten. Bevorzugt wurde darüber hinaus auch Wein, weniger dagegen Bier und Sekt.

Einige wenige Frauen gaben an, dass sie regelmäßig Melissengeist, Baldriantropfen, süßen Likör und Kräuterlikör sowie Ouzo und Obstler getrunken haben. Dabei kann nicht unerwähnt bleiben, dass Melissengeist 79 Vol.-% Alkohol enthält. Mit dem Missbrauch dieses „Stärkungsmittels" geht daher ein hohes Abhängigkeitsrisiko einher, wobei es beim Absetzen zu erheblichen Entzugserscheinungen kommen kann.

Warum gerade Wodka bei den befragten Männern und Frauen so beliebt war, hat unterschiedliche Gründe. Dies kann u. a. damit zusammenhängen, dass die meisten Wodkasorten aufgrund sorgfältiger Destillation und Filterung nur wenig Fuselöle und Begleitstoffe enthalten und bei ihrem Konsum eine nicht so stark wahrnehmbare Alkoholfahne entsteht wie bei anderen alkoholischen Getränken. Dies führte uns zu der Frage, welchem Trinkertypus sich die Befragten im Rahmen ihrer Alkoholabhängigkeit zuordnen.

Wir griffen dabei auf das Modell der Alkoholiker-Typologie nach E. M. Jellinek zurück, der sich als US-amerikanischer Physiologe intensiv mit der Erforschung des Alkoholismus beschäftigt hat (vgl. Jellinek 1983). Seine Klassifizierung in unterschiedliche Typen von Alkoholikern erschien uns für die Frage nach dem Umgang mit Alkohol besonders gut geeignet, auch wenn es inzwischen eine Reihe weitaus umfassenderer wissenschaftlicher Ansätze gibt.

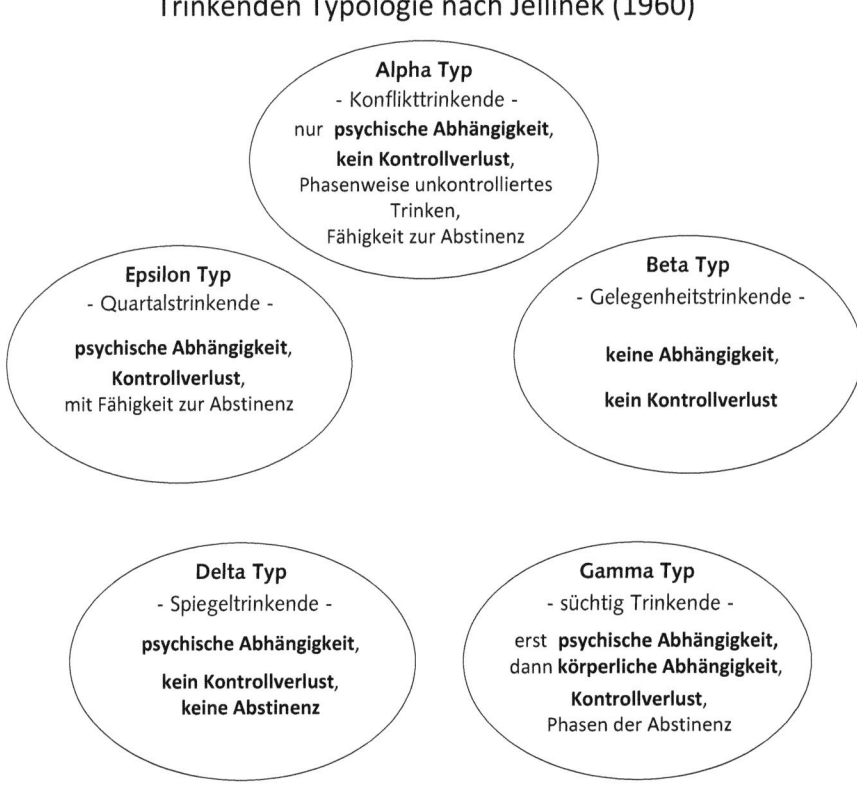

Abbildung 3: Trinkenden Typologie nach Jellinek (1960)

Jellinek, der hauptsächlich männliche Alkoholiker untersucht hat, geht von fünf unterschiedlichen Alkoholiker-Persönlichkeiten aus, zu denen der Konflikttrinker, Gelegenheitstrinker, süchtige Trinker, Spiegeltrinker und Quartalstrinker gehören. In unserer Befragung haben wir uns auf den Konflikt-, Spiegel- und Quartalstrinker beschränkt. Es war uns klar, dass solche Zuordnungen relativ eng gefasst sind und es in Bezug auf die einzelnen Typen von Alkoholikern auch Übergangs- und Mischformen gibt. So kann zum Beispiel ein Konflikttrinker im Laufe seiner Suchtkarriere zum Spiegeltrinker werden.

Den Konflikttrinker haben wir als süchtigen Trinker eingestuft, da er Alkohol exzessiv konsumiert, um Belastungen und Problemen aus dem Weg zu gehen. Dieser Typus kann sogar über einen längeren Zeitraum abstinent leben. Dennoch tritt bei ihm die psychische Abhängigkeit vom Suchtmittel relativ früh ein. Soweit sich die Anlässe exzessiven Trinkens häufen, kann sich bei ihm auf Dauer auch eine körperliche Abhängigkeit entwickeln (vgl. Kastenbutt 1998).

Im Gegensatz zum Konflikttrinker muss der Spiegeltrinker stets auf einen ausreichenden Alkoholspiegel bedacht sein. Der Weg in die Abhängigkeit erfolgt hier vom Gewohnheitstrinken zum episodischen Spiegeltrinken. Da dieser Typus hochgradig körperlich abhängig ist, kann er auf Alkohol nicht verzichten. So muss er über den Tag verteilt regelmäßig bestimmte Alkoholmengen trinken, was aber nicht generell zum Verlust der Selbstkontrolle führt. Kann er seinen Blutalkoholspiegel nicht aufrechterhalten, stellen sich bei ihm relativ rasch Entzugserscheinungen ein, wozu Schlafstörungen, Schweißausbrüche, Zittern, innere Unruhe, Angst und Kreislaufprobleme gehören können (Lesch/Walter 2009). Dies ist der Grund, warum Spiegeltrinker ständig weitertrinken müssen.

Beim Quartalstrinker tritt der exzessive Alkoholkonsum in zeitlichen Abständen auf. Anfangs liegen die Zyklen zwischen normalem Trinken, Trinkverzicht und starkem Konsum noch relativ weit auseinander. Dies ändert sich aber im Laufe der Zeit, so dass in immer kürzeren Intervallen getrunken wird. Dennoch betrachten sich Quartalstrinker nicht als alkoholabhängig. Erst wenn sie durch ihr Trinkverhalten zunehmend negativ auffallen, wird ihnen möglicherweise bewusst, dass sie ein Alkoholproblem haben.

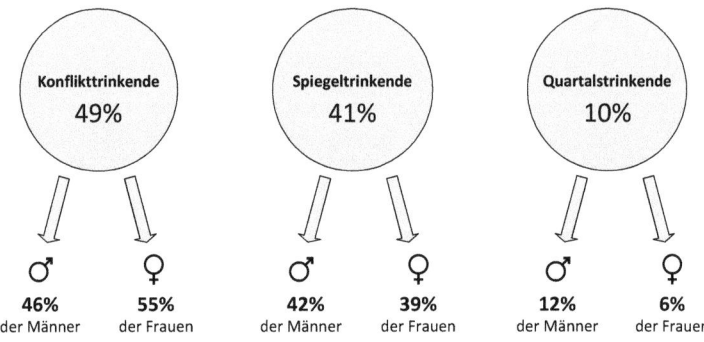

Abbildung 4: Verteilung der Typen der Trinkenden – Gesamt und nach Geschlecht

Unsere Befragung zeigt, dass der Typus des Konflikttrinkers bei den befragten Gruppenmitgliedern mit insgesamt 49 Prozent vertreten ist. Es folgen die Spiegeltrinker mit 41 Prozent und die Quartalstrinker mit 10 Prozent. Welche Unterschiede zeigen sich dabei aber im Trinkverhalten von Männern und Frauen?

Bei den männlichen Befragten stufen sich 46 Prozent als Konflikttrinker ein, gefolgt von den Spiegeltrinkern mit knapp 42 Prozent und den Quartalstrinkern mit 12 Prozent.

Unter den weiblichen Befragten stufen sich 55 Prozent als Konflikttrinkerinnen ein, 39 Prozent als Spiegeltrinkerinnen und 6 Prozent als Quartalstrinkerinnen. Auffällig ist, dass die Anzahl der Quartalstrinker bei den männlichen Befragten um das Doppelte höher ist als bei den weiblichen. Dafür ist bei den Frauen der Anteil der Konflikttrinkerinnen höher als bei den Männern.

Nur bei den jüngeren Jahrgängen dominiert bei beiden Geschlechtern der Typus des Konflikttrinkers bzw. der Konflikttrinkerin. Studien zu diesem Thema zeigen dann auch, dass die junge Generation der Abhängigen besonders stark zum kompensatorischen Alkoholkonsum neigt, bei dem es um die Verdrängung psychosozialer Belastungen und Konflikte geht (vgl. Stimmer/Müller-Teusler 2008).

Nachdem wir nach der Zuordnung zu bestimmen Trinker-Typen gefragt haben, wollten wir in einem nächsten Schritt wissen, an welchen Orten die Befragten Alkohol getrunken haben.

2.4 Orte des Alkoholkonsums

87 Prozent der Befragten gaben an, dass der hauptsächliche Alkoholkonsum in der eigenen Wohnung stattfand, was aufhorchen lässt. Sicherlich tranken Alkoholabhängige auch in früheren Zeiten in den eigenen vier Wänden, jedoch fand das Trinken damals noch vornehmlich in Kneipen statt. Zwischen einem öffentlichen Konsum und einem Konsum in häuslicher Atmosphäre bestehen jedoch feine Unterschiede. Dies lässt sich u. a. damit begründen, dass häuslicher Alkoholkonsum eher eine Tendenz zur Verheimlichung aufweist, was konkrete Auswirkungen auf den Verlauf der Suchtkrankheit hat. Auch die soziale Kontrolle seitens des nahen sozialen Umfelds spielt dabei eine wesentliche Rolle.

In Kneipen gibt es bezüglich des Alkoholkonsums zwar auch Formen der sozialen Kontrolle, die aber weniger mit Sanktionen behaftet sind (Dröge/Krämer-Badoni 1987). In häuslicher Umgebung stehen Betroffene dagegen stärker unter „Beobachtung", und zwar besonders dann, wenn sie dort durch ihr Trinkverhalten bereits auffällig geworden sind.

Es verwundert daher nicht, dass über 30 Prozent der Befragten betonen, sie hätten in allen Phasen der Sucht heimlich getrunken. Bei knapp einem Drittel geschah dies in der letzten Phase der Sucht. Dies bedeutet, dass gut zwei Drittel aller Befragten im Laufe ihrer Abhängigkeit über einen längeren Zeitraum heimlich getrunken haben. Hin und wieder heimlich getrunken haben immerhin noch knapp 20 Prozent. Nur 12 Prozent teilen mit, dass sie ihren Alkoholkonsum gegenüber ihrem sozialen Umfeld (Partner, Familie, Freunde, Bekannte) nicht verheimlicht haben.

Schauen wir uns im Folgenden noch an, welche Unterschiede in diesem Zusammenhang zwischen Männern und Frauen bestehen. Hier fällt auf, dass 26 Prozent der befragten Männer in allen Phasen der Sucht heimlich getrunken haben. In der letzten Phasen der Sucht war dies bei 28 Prozent von ihnen der Fall. Hin und wieder heimlich getrunken haben knapp 24 Prozent, dagegen nie knapp 17 Prozent.

Anders dagegen die betroffenen Frauen, denn hier haben über 50 Prozent in allen Phasen der Sucht heimlich getrunken. In der letzten Phase der Sucht waren es ca. 30 Prozent. Knapp 14 Prozent haben hin und wieder heimlich Alkohol konsumiert. Es zeigt sich, dass das heimliche Trinken unter den befragten Frauen stärker verbreitet war als unter den befragten Männern. Was könnte für ein solches Verhalten sprechen?

Bei Frauen spielt die Angst, beim Trinken erwischt zu werden, eine bedeutende Rolle, denn dies versetzt sie mehr Panik als Männer. So geben dann auch mehr Männer an, Alkohol stärker in der Öffentlichkeit getrunken zu haben. Im Gegensatz zu ihnen wird von Frauen jedoch verlangt, dass sie kontrolliert mit Alkohol umgehen, um in der Öffentlichkeit nicht negativ aufzufallen.

Darüber hinaus gibt es noch weitere Anhaltspunkte, die für das heimliche Trinken sprechen. So haben rund 70 Prozent aller Befragten im Verlauf ihrer Sucht versteckte Alkoholdepots angelegt. Das Verstecken des Suchtmittels spielt vor allem eine wichtige Rolle, wenn es um das Verschleiern des wahren Alkoholkonsums geht (Schneider 2015).

Aber auch hier lassen sich Unterschiede zwischen den Geschlechtern feststellen, denn bei den Frauen sind es über 80 Prozent, die solche Depots angelegt haben, bei den Männern knapp über 60 Prozent. Die Ergebnisse unterstreichen damit deutlich, dass das heimliche Trinken bei den weiblichen Betroffenen stärker verbreitet war als bei den männlichen.

Deutlich wird vor allem, dass Frauen anders trinken als Männer, denn allein das Wissen um die breite gesellschaftliche Ablehnung der trinkenden Frau und das in der Sozialisation erworbene Schamgefühl „zwingen" sie eher zum heimlichen Trinken. Die Neigung, das eigene Suchtverhalten möglichst lange zu verbergen, ist bei ihnen demnach intensiver ausgeprägt als bei den befragten Männern, was die Chronifizierung ihrer Alkoholabhängigkeit begünstigt. Auch darauf finden sich in unserer Untersuchung einige Hinweise.

Das weibliche Suchtverhalten kann als eine spezielle Bewältigungsform für Problemlagen unterschiedlichster Art verstanden werden: Sexuelle und physische Gewalt, Einsamkeit, Partnerschafts- und Familienprobleme, soziale Benachteiligung, Arbeitslosigkeit und Selbstwertstörungen können dabei eine Rolle spielen. Bei den männlichen Befragten lagern die Probleme, die zur Alkoholabhängigkeit führen, ein wenig anders als bei den befragten Frauen. So sind besonders Kommunikations- und Identitätsstörungen zu verzeichnen, die sich auf Defizite der familialen Sozialisation, aber auch auf Integrationsprobleme im weiteren sozialen Umfeld beziehen lassen, worauf an späterer Stelle noch näher eingegangen wird.

Da wir bei der Erstellung des Fragebogens davon ausgingen, dass in Suchtselbsthilfegruppen nicht nur trockene Alkoholiker/innen als Mitglieder zu verzeichnen sind, haben wir auch nach andern Suchtformen gefragt, wozu u. a. die Mehrfachabhängigkeit von unterschiedlichen psychoaktiven Substanzen gehört

2.5 Formen der Mehrfachabhängigkeit

Insgesamt 7 Prozent der befragten Männer und Frauen gaben an, dass sie neben Alkohol auch illegale Drogen konsumiert haben. Genannt werden vor allem Amphetamine wie z. B. Speed oder Crystal Meth (weitere Informationen dazu erfolgen noch in den Handlungsempfehlungen).

Der Konsum illegaler Substanzen liegt bei den Männern fast um das Vierfache höher als bei den Frauen. Konkret bedeutet dies, dass 27 Männer und 7 Frauen (von insgesamt 478 Befragten) im Rahmen ihrer Sucht Drogen konsumiert haben. 12 männliche Befragte geben an, Ecstasy und psychedelische Arzneien genommen zu haben.

Knapp 5 Prozent der befragten Männer und Frauen gaben darüber hinaus an, dass sie Medikamente missbraucht haben, was in den meisten Fällen in Kombination mit Alkohol geschah. Die Anzahl der Männer (12 Personen), die Medikamente missbraucht haben, ist laut unserer Befragung höher als die der Frauen (10 Personen).

Dabei sind es auf gesellschaftlicher Ebene eher Frauen, die zum Missbrauch von Medikamenten neigen. Die Deutsche Hauptstelle für Suchtfragen machte bereits vor einigen Jahren deutlich, dass der größte Anteil Arzneimittelabhängiger aus der Altersgruppe der über 40-Jährigen stammt, worunter sich auffällig viele Frauen befinden. Auch müssen laut DHS die gesellschaftlichen Bedingungen als Begründung für die Entwicklung einer Medikamentenabhängigkeit ins Kalkül gezogen werden.

Warum dies so ist, wird folgendermaßen begründet: „Dieser Lebensabschnitt ist für viele Frauen mit dem Verlust familiärer Aufgaben verbunden – die Kinder sind aus dem Haus, sie bleiben alleine zurück und fühlen sich entwertet. Dieses „Empty-Nest-Syndrom" führt oftmals zu depressiven Verstimmungen, zu Unzufriedenheit, Ängsten und Schlaflosigkeit. Die bei vielen Frauen beginnende Menopause kann diese Symptome verstärken. Und die bei Frauen im Vergleich zu Männern ausgeprägtere Wahrnehmung von psychischer und körperlicher Befindlichkeit führt häufig zu ärztlichen Konsultationen, die oft genug mit der Verordnung von Schlaf- und Beruhigungsmitteln enden. Diese ersten Verordnungen werden dann fortgesetzt. Schließlich scheint es den Frauen mit den Medikamenten auch besser zu gehen, sie werden ausgeglichener und fühlen sich weniger ängstlich. Allerdings werden diese Therapien dann oftmals auf Dauer fortgesetzt, auch weil die Ärztinnen oder Ärzte die Überzeugung haben, den betroffenen Frauen helfen zu können. Dass diese Dauerverordnungen letztlich in die Arzneimittelabhängigkeit führen, wird vielfach zu spät erkannt" (DHS 2015: S. 17f.).

Die Anzahl der Medikamentenabhängigen bewegt sich in Deutschland nach Schätzungen der DHS zwischen 1,4 bis 1,8 Millionen. In den von uns befragten Suchtselbsthilfegruppen, in denen das Thema „Alkohol" im Vordergrund steht, stellen Medikamentenabhängige jedoch nur einen kleinen Anteil der Mitglieder dar.

Unsere Ergebnisse zeigen, dass es unter den Befragten eine Minderheit gibt, die einen Parallelkonsum von Alkohol und Drogen sowie Medikamenten und Alkohol betrieben hat. Durch die Kombination unterschiedlicher Substanzen werden oft neue Drogenwirkungen erzeugt, wobei ein solcher Konsum auch ein Mittel gegen Entzugserscheinungen einer bestimmten Substanz sein kann. Darüber hinaus kann damit aber auch die Wiederherstellung der ursprünglichen Wirkung eines Suchtmittels beabsichtigt sein, soweit eine gewisse Toleranz gegenüber dieser Substanz entwickelt wurde. Generell kann festzustellt werden, dass das Risiko einer Abhängigkeit durch den parallelen Konsum unterschiedlicher psychoaktiver Substanzen äußerst hoch ist.

Auch wenn das Thema „Alkohol" in den meisten Suchtselbsthilfegruppen noch eine zentrale Rolle spielt und auch weiterhin spielen wird, so ist davon auszugehen, dass die Anzahl der Abhängigen mit anderen Suchtproblemen weiter anwachsen wird (vgl. Batra/Bilke-Hentsch 2011: 203ff.). Wir hoffen daher, dass wir zu diesem Thema im Rahmen einer anstehenden bundesweiten Befragung noch aufschlussreichere Ergebnisse liefern können.

2.6 Stoffungebundene Süchte

Bei stoffungebundenen Süchten (Spielsucht, Kaufsucht, Esssucht etc.) handelt es sich um Verhaltensweisen, die zwanghaft ausgeführt werden und mit Belohnungseffekten in Verbindung stehen. Wie bei den stoffgebundenen, so spielen auch bei stoffungebundenen Süchten hirneigene Botenstoffe wie Serotonin und Dopamin eine bedeutende Rolle, wenn es um Glücksgefühle geht. So erleben zum Beispiel pathologische Glücksspieler/innen, wenn sie beim Spielen gewinnen, einen rauschartigen Zustand des Außer-sich-seins", der Parallelen zu dem durch Amphetamin vermittelten Gefühlszustand zeigt (z. B. stimulierende, euphorische und aufputschende Effekte).

Es wird vermutet, dass pathologisches Glücksspielverhalten zur effektiven, wenn auch inadäquaten Gefühlsregulation (zur Reduktion von Angstgefühlen bzw. Erregungszuständen, zur Stressverminderung oder zur Unterdrückung von negativen Gefühlen) eingesetzt wird. Bei den Betroffenen existiert dann das Bedürfnis, einem psychischen Reiz zu folgen, der so stark wird, dass man ihm nicht mehr widerstehen kann. Zwar verursachen stoffungebundene Süchte keine körperliche Abhängigkeit, können aber dennoch die Gesundheit ernsthaft schädigen und zudem schwerwiegende soziale Folgen nach sich ziehen. Man spricht hier auch von Verhaltenssüchten, bei deren Entzug es zu Unwohlsein, Nervosität, Aggressivität und Depression kommen kann (vgl. Meyer/Bachmann 2011; Mann 2014).

Bei einer geringen Anzahl der von uns befragten Gruppenmitglieder (knapp 2 Prozent der Frauen und 2.5 Prozent der Männer) bestand eine solche stoffungebundene Sucht, wobei das pathologische Glücksspiel dominierte. In den meisten Fällen liegt aber nicht nur eine Verhaltenssucht vor, sondern es wurde oftmals parallel noch Alkohol konsumiert.

Die unterschiedlichen Formen und Verhaltensweisen von Missbrauch und Abhängigkeit führten uns in einem nächsten Schritt zu der Frage, welche Ursachen die Betroffenen ihrer Suchtmittelabhängigkeit zuschreiben.

2.7 Ursachen der Suchtmittelabhängigkeit

Interessant ist, dass knapp die Hälfte aller Befragten geantwortet hat, dass die Verdrängung von Konflikten bei ihnen besonders stark im Vordergrund stand. Rund 40 Prozent geben als Ursache Selbstwertstörungen an, über 30 Prozent Ängste und ein weiteres Drittel Kommunikationsprobleme. Genannt werden auch der Mangel an sozialen Kontakten und die fehlende soziale Anerkennung im direkten oder weiteren sozialen Umfeld. Beide Geschlechter verdeutlichen zudem, dass auch die Überlastung durch Arbeit im Privat- und Berufsleben eine zentrale Rolle für ihre Suchtentwicklung spielte. Besonders bei den Männern stehen Arbeitsstress, Depressionen, die Suche nach Entspannung und Flucht in den Alkohol als „Beruhigungsmittel" im Vordergrund. Die betroffenen Frauen machen auf Beziehungsprobleme, Gewalt in der Ehe und der Familie sowie Überforderungen durch Haushalt und Kindererziehung, aber auch Scheidung, Vergewaltigung und finanzielle Probleme aufmerksam.

2.8 Lebenssituation zu Beginn der Sucht

Wir haben die Gruppenmitglieder auch danach gefragt, wie sich die soziale Situation zu Beginn ihrer Suchtkarriere gestaltete und erhielten dabei folgende Antworten: über die Hälfte aller Befragten war zu diesem Zeitpunkt bereits verheiratet, knapp ein Drittel hatte eine eigene Familie und jede/r Zehnte lebte in einer nichtehelichen Partnerschaft. Knapp 20 Prozent waren Singles. 6 Prozent der Befragten waren ohne Arbeit.

Bei den männlichen Befragten war ein überdurchschnittlich großer Teil vollzeiterwerbstätig. Die meisten von ihnen waren verheiratet, ein kleiner Teil lebte in einer nichtehelichen Partnerschaft. Mehr Männer als Frauen lebten zu diesem Zeitpunkt noch bei den Eltern. Auch war die Arbeitslosenquote unter den männlichen Betroffenen höher als bei Frauen. Aus unterschiedlichen wissenschaftlichen Untersuchungen ist bekannt, dass besonders die Langzeitarbeitslosigkeit (neben anderen Faktoren) ein wichtiger Auslöser für einen exzessiven Alkoholkonsum sein kann, besonders dann, wenn sich die Wiedereingliederung auf dem Arbeitsmarkt schwierig gestaltet (vgl. Kastenbutt 1989 u. 2014).

Von den befragten Frauen war zu Beginn der Suchtkarriere ein Großteil verheiratet. Eine eigene Familie hatte nur ein Drittel von ihnen. Ein kleiner Teil war alleinerziehend, ein anderer Single. Vollerwerbstätig waren mehr als 30 Prozent der Frauen, teilzeitbeschäftigt dagegen weniger als ein Drittel.

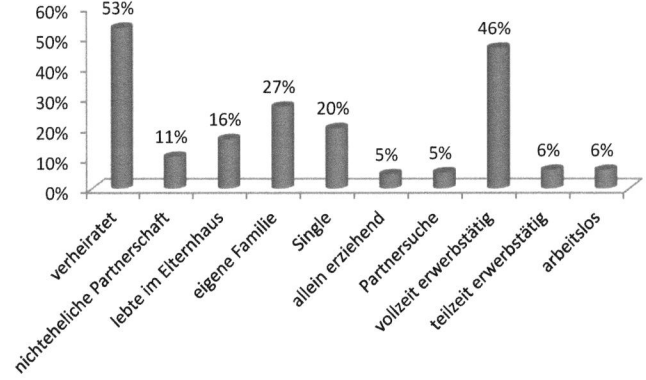

Abbildung 5: soziale Lage zu Beginn des abhängigen Trinkens – Anteile in Prozent

Vordergründig betrachtet haben die meisten der Befragten zu Beginn ihrer Suchtkarriere in relativ „festen" sozialen Strukturen gelebt. Dies bedeutet aber nicht, dass es keine konkreten Auslöser gab, die zur Suchtmittelabhängigkeit beigetragen haben. So macht dann auch ein Großteil der Befragten deutlich, dass es in ihrem sozialen Umfeld zu Belastungen und Konflikten kam und sie im Zuge dieser Entwicklungen unter Kommunikationsproblemen und Selbstwertstörungen litten. Sucht, so könnte man in diesem Zusammenhang formulieren, kommt nicht (allein) von Drogen, sondern von betäubten Träumen, verdrängten Sehnsüchten, verschluckten Tränen und erfrorenen Gefühlen (vgl. Bilstein/Voigt 1991). Es deutet dabei viel darauf hin, dass vor allem psychosoziale Faktoren eine bedeutende Rolle für die Entwicklung einer Suchtmittelabhängigkeit spielen. Zumindest lässt sich dies aus den Antworten der von uns befragten Männer und Frauen relativ eindeutig folgern.

Eine weitere Komponente, die für das Suchtverhalten nicht unerheblich ist, ist die Etikettierung als Suchtkranker oder Suchtkranke. Soweit Betroffene durch ihr Trinkverhalten auffällig werden, kann es sein, dass man sie im nahen oder weiteren sozialen Umfeld auf ihren Suchtmittelkonsum anspricht. Zumindest stehen sie dort ab einem bestimmten Zeitpunkt unter Beobachtung, was Einfluss auf den weiteren Verlauf ihrer Sucht haben kann. Wir haben die Betroffenen daher auch gefragt, wer ihnen im Laufe ihrer Abhängigkeit mitgeteilt hat, dass sie ein Alkohol- oder Drogenproblem haben.

2.9 Suchtverhalten und soziale Auffälligkeit

Ein überdurchschnittlich großer Teil der Befragten antwortete, dass sie ihre Suchtmittelabhängigkeit zwar selbst erkannt haben, aber hauptsächlich in ihrem direkten sozialen Umfeld auffällig wurden (Partner/in, Familie, Verwandtschaft). Genannt werden darüber hinaus noch: Hausarzt, Freunde, Bekannte, Nachbarn, Vorgesetzte und Arbeitskollegen.

Bei den männlichen Befragten fällt auf, dass sie im Rahmen ihrer Sucht stärker sozial auffällig wurden als die weiblichen. Bei den meisten der befragten Frauen wird deutlich, dass sie ihre Sucht besser verschleiern konnten als die männlichen Betroffenen und daher in ihrem sozialen Umfeld nicht so schnell auffällig wurden. Dennoch scheint bei beiden Geschlechtern die enge Verwandtschaft eine zentrale Rolle zu spielen, wenn es darum geht, wer sie primär auf ihr Suchtverhalten angesprochen hat.

Genannt werden von beiden Geschlechtern auch noch andere Begebenheiten, bei denen sie auf ihren Suchtmittelkonsum angesprochen wurden. Dazu gehörten: Medizinisch Psychologische Untersuchung (MPU), Verkehrskontrolle durch die Polizei, Untersuchung durch einen Arzt oder Facharzt.

Dies führte uns zu der Frage, wie die Betroffenen auf solche Zuschreibungen reagiert haben.

Die meisten von ihnen betonen, dass es bis zur Kapitulation vor dem Alkohol noch lange gedauert hat, nachdem sie auf ihr Suchtproblem angesprochen wurden (knapp 45 Prozent). Über 40 Prozent entwickelten Schuldgefühle, wobei nur ein Drittel in ein intensives Nachdenken kam. Weit über dreißig Prozent betonen, dass sie sich ihre Abhängigkeit erst einmal nicht eingestanden haben. Demnach betrachteten sich auch nur wenige der Befragten (es sind knapp 13 Prozent) zu diesem Zeitpunkt als suchtmittelabhängig. Schaut man sich die Unterschiede zwischen den Geschlechtern an, so fällt auf, dass mehr Frauen als Männer Schuldgefühle entwickelten, nachdem sie auf ihr Suchtverhalten angesprochen wurden.

2.10 Kapitulation und Neuausrichtung

Betroffene haben nur dann eine Chance suchtmittelfrei zu leben, wenn sie sich ihre Abhängigkeit eingestehen. Die Kapitulation vor dem Alkohol birgt daher die Chance einer Neuausrichtung des Lebens, mit der ein tief greifender Wandel persönlicher Überzeugungen und Handlungen verbunden ist. Professionelle Unterstützung durch eine ambulante oder stationäre Therapie, aber auch der Kontakt zu einer Suchtselbsthilfegruppe spielen für den Weg aus der Sucht daher eine bedeutende Rolle.

So haben dann auch knapp 60 Prozent der Befragten stationär in einer Klinik entgiftet. Über 30 Prozent haben dies unter Mithilfe eines Hausarztes getan und nur sehr wenig in einer Tagesklinik. Zur Entwöhnung in einer Fachklinik (Langzeittherapie) waren weit mehr als die Hälfte aller Befragten. Hervorzuheben ist, dass immerhin 37 Prozent der Befragten in der Zeit der Neuausrichtung Kontakt zu einer Suchtselbsthilfegruppe gesucht haben.

Dabei fällt auf, dass mehr Männer als Frauen stationär entgiftet und an einer Entwöhnung in einer Fachklinik teilgenommen haben. Auch haben mehr männliche Betroffene mit der Hilfe eines Arztes den Weg in die Abstinenz gefunden. Der Kontakt zu Suchtberatungsstellen bewegt sich in diesem Zusammenhang bei beiden Geschlechtern in etwa gleich. Hervorzuheben ist der nicht gerade geringe Teil derjenigen Betroffenen, die im Anschluss an die nasse Phase der Sucht direkten Kontakt zu einer Selbsthilfegruppe gesucht haben. Dabei war der Anteil der Männer, die diesen Weg beschritten, höher als der der Frauen.

Bereits in einer statistischen Erhebung aus dem Jahr 2010 merkte die Deutsche Hauptstelle für Suchtfragen (DHS) zu diesem Thema an, dass ein knappes Drittel (27,6%) der Suchtkranken keinerlei professionelle therapeutische Behandlung in Anspruch nahm, sondern den Entschluss zur Abstinenz nach der Teilnahme und Mitarbeit in einer Suchtselbsthilfegruppe entwickelte. Im Vergleich mit den Vorjahren wurde sogar eine leichte Steigerung festgestellt. Für die DHS bedeutet dies, „dass die Sucht-Selbsthilfe durch die hohe Qualität ihres Gruppenangebotes kontinuierlich hervorragende Arbeit leistete. Gemessen an den Kosten, die für eine professionelle Behandlung anfallen, spart die Sucht-Selbsthilfe zudem dem Gemeinwohl ganz erhebliche Kosten ein" (DHS 2010: S. 8).

Für die Arbeit der Suchtselbsthilfe spricht nach unserer Befragung auch, dass 70 Prozent der Befragten seit der Kapitulation vor dem Alkohol abstinent leben. 30 Prozent beantworteten diese Frage mit „Nein".

Im Durchschnitt leben die von uns befragten Männer und Frauen über 10 Jahre abstinent. Betont werden muss aber, dass es sich hierbei nur um einen Mittelwert handelt, der nicht sehr aussagekräftig ist, da die Zeiten der Abstinenz stark differieren. So leben zum Beispiel 40 Prozent der Betroffenen weniger als 4 Jahre abstinent, aber 5 Prozent länger als 30 Jahre, wobei der Spitzenwert bei 45 Jahren liegt. Damit wird deutlich, dass die Zeiten der Abstinenz im Kontext der Befragung der Mitglieder aus Suchtselbsthilfegruppen keineswegs einheitlich sind.

Dies führt uns zu der spannenden Frage, welche Bedeutung die betroffenen Gruppenmitglieder der Suchtselbsthilfe für ihr abstinentes Leben zuschreiben.

2.11 Suchtselbsthilfe, Abstinenz und Zufriedenheit

90 Prozent aller Befragten schreiben der Suchtselbsthilfe einen sehr großen bis großen Stellenwert zu. Von einem geringen Stellenwert geht dagegen nur ein Prozent von ihnen aus. Knapp neun Prozent sind sich hinsichtlich der Bedeutung der Hilfe zur Selbsthilfe für ihr abstinentes Leben nicht sicher. Dass jedoch so viele der Befragten die Rolle der Suchtselbsthilfe positiv bewerten, spricht für die Arbeit der Gruppen und kann als ein großes Kompliment gewertet werden.

Bei den Frauen sind es rund 94 Prozent, die der Suchtselbsthilfe einen sehr großen bis großen Stellenwert zuschreiben, bei den Männern 93 Prozent. Im Gegensatz zu den Frauen sind es mehr Männer, die sich bezüglich des Stellenwerts der Suchtselbsthilfegruppe für ihr abstinentes Leben nicht sicher sind. Einen eher geringen Stellenwert schreiben dagegen nur 1.6 Prozent der Männer und 1.4 Prozent der Frauen der Suchtselbsthilfe zu.

Einen sehr großen bis großen Stellenwert räumen über 90 Prozent der Befragten auch der Bildungsarbeit ein. Nicht sicher sind sich dabei 4 Prozent. Nur 2 Prozent schreiben der Bildungsarbeit einen geringen bis sehr geringen Stellenwert zu. Dies bedeutet, dass auch die Bildungsarbeit ein bereicherndes Element für die meisten der befragten Gruppenmitglieder ist. Dies spricht zugleich für die Bildungseinrichtungen, die solche Seminare in enger Kooperation mit den Suchtselbsthilfegruppen anbieten. Der Themenbogen spannt sich dabei von den Ursachen der Sucht, Fragen hinsichtlich des Umgangs mit Rückfällen, den Wegen in eine zufriedene Abstinenz und den Möglichkeiten der psychosozialen Stabilisation im Alltagsleben. Und gerade dieses letzte Stichwort führt uns zu der wichtigen Frage, was sich durch die Gruppenteilnahme im Leben der Befragten geändert hat.

Über 70 Prozent machen überaus deutlich, dass der Gruppenbesuch dazu beigetragen hat, dass sie ihr abstinentes Leben genießen können. 66 Prozent betonen, sie können durch den Verzicht auf Alkohol (oder ein anderes Suchtmittel) freier leben. 65 Prozent merken an, dass sie selbstbewusster geworden sind, und 61 Prozent, dass sie wieder Verantwortung für sich und ihr Leben übernommen haben. 47 Prozent sind der Meinung, sie können freier kommunizieren, 44 Prozent, sie seien konfliktfähiger geworden.

Allzu große Unterschiede hinsichtlich der Aussagen beider Geschlechter zu diesem Thema sind nicht zu finden. Die Frauen merken nur an, dass es für sie wichtig ist, über ihre Sucht offen zu reden, um mit ihren Problemen nicht allein dazustehen. Die Männer betonen, dass es für sie wichtig ist, aus der sozialen Isolation zu kommen, in die sie die Sucht gebracht hat, um zum Beispiel Frustrationen besser abzubauen und im Leben gelassener zu werden.

Für beide Geschlechter ist die Suchtselbsthilfegruppe demnach einen bedeutender sozialer Anker in ihrem Leben. Besonders die Männer betonen, dass sie durch den Gruppenbesuch mehr Anerkennung im sozialen Umfeld erfahren haben. Auch das soziale Zusammenleben in Partnerschaft, Ehe und Familie hat sich für die meisten Betroffenen verbessert. Darüber hinaus wird von allen Befragten betont, dass eine Selbsthilfegruppe besonders hilfreich ist, wenn es um das Reden über akuten Suchtdruck geht. Beide Geschlechter bringen einmütig zum Ausdruck, dass sie sich durch den Gruppenbesuch seelisch ausgeglichener fühlen. Und nicht nur das, denn sie fühlen sich auch körperlich wohler und haben an Stärke gewonnen, so dass ihr Leben wieder mehr Sinn bekommen hat. Dies alles zeugt davon, wie wichtig die Suchtselbsthilfe für das abstinente Leben ist, die nicht nur akut, sondern auch nachhaltig wirkt.

2.12 Zusammenfassung der wichtigsten Ergebnisse

- Die Überalterung der Suchtselbsthilfe ist nicht zu übersehen, da der Altersdurchschnitt in den Gruppen inzwischen bei 57 Jahren liegt.
- Vor allem die junge Generation der Suchtkranken ist in den Gruppen kaum vertreten.
- Der Anteil an Mehrfachabhängigen bewegt sich in einem überschaubaren Maß, kann sich aber noch weiter erhöhen, soweit die Anzahl jüngerer Gruppenmitglieder steigt.
- Ein Großteil der befragten Männer begann mit dem abhängigen Trinken bereits im frühen Erwachsenenalter, die meisten Frauen dagegen im mittleren Erwachsenenalter.
- Bei beiden Geschlechtern dominiert der Typus des Konflikttrinkers, der bei den weiblichen Befragten besonders hoch ist. Stark vertreten ist dieser Typus auch in der Altersgruppe der 25- bis 34-jährigen Männer und Frauen. Dies ist ein Hinweis darauf, dass in dieser Altersgruppe psychosoziale Belastungen und Konflikte besonders stark vertreten sind.
- Das weit verbreitete Konflikttrinken deutet nicht nur auf die sozialen und psychischen Ursachen der Sucht, sondern auch auf gewachsene gesellschaftliche Anforderungen und Widersprüche, die zumindest indirekten Einfluss auf das Suchtverhalten nehmen.
- War die Kneipe noch vor zwei bis drei Jahrzehnten besonders für männliche Betroffene ein bedeutender Ort exzessiven Trinkens, so haben die meisten Befragten Alkohol hauptsächlich in den eigenen vier Wänden missbraucht.
- Ein überdurchschnittlich großer Teil von ihnen hat heimlich getrunken und versteckte Alkoholdepots angelegt.
- Mehr Männer als Frauen haben neben dem häuslichen Alkoholkonsum auch in der Öffentlichkeit exzessiv getrunken.
- Die Ursachen der Suchtmittelabhängigkeit werden Selbstwertstörungen, Kommunikationsproblemen, dem Mangel an sozialen Kontakten und Belastungen durch extremen Stress im Privat- und Berufsleben zugeschrieben.

- Sozialisationsprobleme im Elternhaus, Rollenkonflikte und Störungen im Identitätserleben spielen für die Entwicklung einer Suchtmittelabhängigkeit ebenfalls eine zentrale Rolle.
- Auffällig wegen ihres Suchtproblems wurden die meisten der Befragten in ihrem direkten sozialen Umfeld.
- Der Weg bis zur Kapitulation vor dem Alkohol hat bei einem Großteil von ihnen noch mehrere Jahre gedauert.
- Nur ein Drittel kam in ein intensiveres Nachdenken, als sie auf ihr Suchtverhalten angesprochen wurden.
- Weit mehr als die Hälfte der Befragten haben in einer Klinik entgiftet und anschließend eine Langzeittherapie in einer Fachklinik absolviert.
- Auffällig ist, dass 37 Prozent den Weg in die Abstinenz allein durch die Teilnahme an einer Selbsthilfegruppe beschritten haben. Ein überdurchschnittlich großer Teil der Befragten schreibt daher der Suchtselbsthilfe einen großen Stellenwert für das abstinente Leben zu. Fast Dreiviertel von ihnen betonen, dass sie ihr heutiges Leben genießen können, was sie besonders am Gruppenbesuch festmachen.
- Dank der Gruppenteilnahme können sie nicht nur freier kommunizieren, sondern sind auch im Umgang mit Belastungen und Problemen konfliktfähiger geworden.
- Die meisten der Befragten sehen in der Suchtselbsthilfe einen bedeutenden sozialen Anker, der dazu beigetragen hat, dass sie wieder Sinn im Leben gefunden und an seelisch-körperlicher Stärke gewonnen haben.

3. Handlungsempfehlungen

Mit unseren Handlungsempfehlungen möchten wir zum Nachdenken über jene Themen anregen, die im ersten Teil des Buches nur am Rande oder nicht ausreichend behandelt werden konnten. Dazu gehören u. a. der demografische Wandel und dessen Auswirkungen auf die Arbeit der Suchtselbsthilfegruppen, das Miteinander der unterschiedlichen Generationen, die Bedeutung neuer Süchte und Suchtformen sowie die Stärken und Grenzen der Selbsthilfearbeit.

3.1 Die Selbsthilfegruppe als sozialer Anker

Die Formen des sozialen Zusammenlebens haben sich im Zuge gesellschaftlicher Umbruchprozesse in den letzten Jahrzehnten stark verändert. Vor allem in größeren Ballungsgebieten ist es vielfach zu einem Rückzug der Menschen ins Private gekommen, was zu Lasten des gemeinschaftlichen Handelns geht. Gemeint ist das Bröckeln sozialer Bindungen und moralischer Verpflichtungen dem Gemeinwesen gegenüber. Dennoch wird der Gemeinschaft auf gesellschaftlicher Ebene immer noch ein hoher Stellenwert zugeschrieben.

Mit Gemeinschaft ist eine wechselseitige Verbindung von Menschen gemeint, die nicht ausschließlich zweckorientiert ist, sondern auf Zuneigung und innerer Verbundenheit beruht und sich durch Nähe und Vertrautheit im sozialen Zusammenleben auszeichnet.

Selbsthilfegruppen verstehen sich in diesem Sinne als (Helfer-)Gemeinschaft, in der Gruppenmitglieder durch das solidarische Prinzip der Hilfe zur Selbsthilfe verbunden sind. Der Grundgedanke einer so verstandenen Hilfe basiert auf den Vorteilen gegenseitiger sozialer Unterstützung von Laien auf der Basis ähnlicher Betroffenheit. Der regelmäßige Gruppenbesuch bietet einen guten Schutz vor einem Rückfall und ist die beste Hilfe, um „langfristig ein suchtfreies Leben einzuüben" (Gross 2016: S. 145).

Da Hilfe zur Selbsthilfe (richtig verstanden) keine Hierarchien und keine Über- und Unterordnungen kennt, können sich die Gruppenmitglieder auf Augenhöhe begegnen. Dies schafft in der auf Selbsterfahrung abzielenden Kommunikation einen spezifischen Spannungsbogen, der einen offenen und ehrlichen Dialog zwischen allen Beteiligten ermöglicht. Daraus erwächst gegenseitiges Vertrauen, das wiederum eine wichtige Voraussetzung für die persönliche Öffnung gegenüber eigenen und fremden Befindlichkeiten ist.

Die Gruppenmitglieder lernen in den Gruppen, sich besser in andere Menschen hineinzuversetzen und stärken damit ihr Kommunikationsvermögen und ihr soziales Rollenverhalten. Durch den Prozess der Hilfe zur Selbsthilfe erfahren sie auf Dauer eine Stärkung ihres Selbstwertgefühls und ihrer Ich-Identität. Die Gruppe ist in diesem Sinne ein wichtiger Spiegel, in dem Betroffene erkennen können, wo sie stehen und an welchen wichtigen Aufgaben und Problemen sie noch arbeiten müssen.

Unsere Untersuchung zeigt, dass ein solidarisches Miteinander, das auf einem Wir-Gefühl beruht, in den meisten Suchtselbsthilfegruppen vorhanden ist. Von der Solidarität innerhalb der Gruppe scheint ein überdurchschnittlich großer Teil der Befragten überzeugt zu sein, denn sie geben an, dadurch an Selbstvertrauen und Ich-Stärke gewonnen zu haben.

Auch wenn es viele Gemeinsamkeiten zwischen den Gruppenmitgliedern gibt, so unterscheiden sich die Suchtkrankengeschichten der einzelnen Altersgruppen zum Teil doch erheblich. So sind diejenigen Betroffenen, die zum Beispiel in den 1950er- oder 1960er-Jahren geboren wurden, unter vollkommen anderen gesellschaftlichen Bedingungen aufgewachsen als die jüngere Generation der Gruppenmitglieder.

Sind die älteren Gruppenmitglieder in einer Zeit groß geworden, in der es noch so etwas wie verlässliche Wege und Werte der Lebensorientierung gab, haben die jüngeren, die heute um die 40 Jahre und jünger sind, solche „Planungssicherheiten" des Lebens oftmals nicht mehr erfahren. Die junge Generation musste und muss in vielen Lebensbereichen Vorläufigkeiten in Kauf nehmen und auf Risiko gehen, was nicht nur Konsequenzen für ihre Persönlichkeitsentwicklung, sondern auch für ihre berufliche Entwicklung hat.

Das Leben der Jüngeren steht heute unter dem Motto: „Nichts ist von Dauer", was meint, dass es immer weniger verlässliche Wegweiser gibt, an denen sie sich langfristig orientieren können. Dies betrifft auch arbeitsweltliche Bereiche, die von Schnelllebigkeit und wirtschaftlicher Rationalisierung durchdrungen sind und nach komplexen Schlüsselqualifikationen verlangen. Auch die Perspektive auf einen langfristigen Arbeitsplatz geht im Zuge solcher Entwicklungen mehr und mehr verloren. Die Umbrüche und Veränderungen in der heutigen Gesellschaft haben in diesem Sinne zu einer neuen Unübersichtlichkeit geführt, von der die junge Generation besonders stark betroffen ist.

Dies meint, dass das Alltagsleben in vielerlei Hinsicht schwieriger und unüberschaubarer geworden ist. Reichen die Ressourcen zur Bearbeitung der komplexen Alltagsanforderungen nicht aus, können gerade junge Menschen leicht in ein Dilemma geraten. Sie benötigen vor allem verlässliche und unterstützende soziale Netzwerke, in denen sie sich mit ihren Sorgen, Wünschen und Hoffnungen einbringen können. Die anonyme Welt des Internets kann ihnen solche authentischen Möglichkeiten des Austausches nicht bieten.

Die direkte Kommunikation von Mensch zu Mensch ist wichtig, da sie sich auf diese Weise annähern, aufeinander beziehen und voneinander abgrenzen können. Mimik, Gestik und Körperhaltung haben neben der Sprache einen großen Einfluss darauf, wie man von seinen Gegenübern wahrgenommen wird. Menschen handeln, in dem sie Situationen bewerten, Ziele bilden und verfolgen, Handlungspläne entwerfen und verwirklichen. Eine intensive Gruppenkommunikation ermöglicht es dabei, gegenseitig Erfahrungen auszutauschen und Probleme zu lösen.

Der Kontakt zu einer Selbsthilfegruppe bietet sich für junge Betroffene an, da sie auf der Suche nach einem verlässlichen sozialen Anker im Leben sind, der ihnen Halt, Orientierung und Geborgenheit vermittelt. Ein Großteil von ihnen musste schon früh erfahren, dass die Geländer der Orientierung in vielen Lebensbereichen keinen Bestand mehr haben. In ihrer Entwicklung waren sie – anders als die Elterngeneration – mehr auf sich selbst gestellt und konnten nicht immer und überall auf ein hilfreiches soziales Netzwerk der Unterstützung zurückgreifen.

So sehen sich gerade Jüngere mit dem Verlust von bisher als selbstverständlich erlebten und gesicherten Lebensformen und Überzeugungen konfrontiert, wobei die Welt für sie an Eindeutigkeit und Klarheit verloren hat. Dies ist die Schattenseite des gesellschaftlichen Modernisierungsprozesses, der die Menschen aus traditionellen Lebenszusammenhängen herausgelöst hat. Im Gegensatz zu früher besteht heute ein stärkerer Zwang zur reflexiven Lebensführung, was mit einer Steigerung der (Selbst-)Bildung einhergeht. Identitäts- und Sinnfindungsprozesse werden dabei zu Leistungen, die ohne soziale Unterstützung kaum noch gestaltbar sind.

Die Lebensbewältigung wird demnach immer mehr zu einer „riskanten Chance", da traditionsbestimmte soziale Vorgaben fehlen. Dies verlangt die Fähigkeit, sich in Bezug auf wachsende Alltagsanforderungen klug zu entscheiden, um mit den Unsicherheiten und Unwägbarkeiten des individualisierten Lebensvollzugs klar zu kommen.

Es verwundert daher nicht, dass junge Suchtkranke stets auf der Suche nach einem verlässlichen sozialen „Ankerplatz" sind, der ihnen Sicherheit und Geborgenheit vermittelt. Studien zu diesem Thema zeigen, dass viele der jungen Betroffenen unter ungünstigen Lebensbedingungen aufgewachsen sind und in ihren Familien nur mäßig sozial integriert wurden. Statusunsicherheit und ein schwaches Selbstwertgefühl sind dabei oft Resultat eines solch unzureichenden sozialen Integrationsprozesses (vgl. Hurrelmann/Quenzel 2012).

Viele der jungen Betroffenen konnten sich in ihrer Kindheit und Jugend auch in anderen sozialen Umfeldern (wie z. B. in Gleichaltrigengruppen) nur mäßig integrieren, was Folgen für ihre Persönlichkeitsentwicklung und ihr Selbstwertgefühl hatte (vgl. Kastenbutt 1998).

Möglicherweise ist dies ein wesentlicher Grund dafür, warum sie relativ rasch auf Ersatzbefriedigungen ausweichen, wozu auch der exzessive Konsum von Alkohol und Drogen gehört. Das Suchtmittel soll dabei helfen, das schwache Ich künstlich aufzurichten, um kommunikationsfähiger zu werden und zumindest zeitweise seelische Stärke zu erfahren. Dass dies jedoch ein Trugschluss ist, muss nicht lange erklärt werden, denn bestehende Belastungen und Konflikte werden durch Alkohol und Drogen noch verstärkt, was weiter in den Sog der Abhängigkeit führt.

Wenn es um die Suchtkarriere junger Betroffener geht, so spielen Selbstwertstörungen und Selbstwertkrisen eine bedeutende Rolle. Solche Störungen weisen auf instabile soziale Beziehungen und Belastungen im sozialen Umfeld der Betroffenen hin. Im Rahmen unserer Befragung wird dann auch deutlich, dass sich die Mehrheit der jüngeren Gruppenmitglieder zu den Konflikttrinkern zählt, die Alkohol (und Drogen) wie ein Medikament eingesetzt haben, um Belastungen und Problemen aus dem Weg zu gehen.

Ohne ein unterstützendes soziales Netzwerk (wie z. B. eine Selbsthilfegruppe) sehen sie sich bei der Lösung ihrer Probleme schnell überfordert. Es macht daher Sinn, sich in den Gruppen näher mit ihrer Suchtkrankengeschichte zu beschäftigen, um ein klareres Bild von ihrer Lebensweise und ihren Problemen zu gewinnen.

Entgegen der globalen Moderne, die viele Unsicherheiten bietet, sucht die junge Generation in der Vielfalt möglicher Lebensformen nach kleinen Ordnungen und Ordnungsmöglichkeiten und zugleich nach Verbindungen zur älteren Generation. Ihr Engagement für bestehende Ordnungen ist pragmatisch und nicht wie bei der Elterngeneration ideologisch motiviert. Die Jüngeren verstehen sich als Suchende in einer unübersichtlichen, dynamischen und hektischen Welt und sind stets auf der Suche nach Gelegenheiten, um das Beste für sich daraus zu machen.

Die Gruppen und Verbände der Suchtselbsthilfe sollten sich daher fragen, was sie für junge Betroffene interessant machen könnte. Auch wenn der Altersunterschied zwischen den Generationen zum Teil gravierend ist, so lehrt die Praxis, dass dies kein Hindernis für ein enges soziales Miteinander aller Altersgruppen sein muss.

Selbsthilfegruppen haben jungen Menschen eine ganze Menge zu bieten, vor allem Solidarität und Gemeinschaftlichkeit, verlässliche Strukturen und – was nicht vergessen darf – einen sicheren Hafen mit Ankerplatz.

3.2 Ist die herkömmliche Selbsthilfearbeit überholt?

Selbsthilfeakteure diskutieren in den letzten Jahren darüber, ob die herkömmliche Selbsthilfearbeit möglicherweise überholt und für die jüngere Generation noch attraktiv ist. So haben zum Beispiel Jüngere ein stärkeres Interesse an Freizeitgestaltung und Gesprächsthemen, die nicht nur suchtbezogen sind. Wie aber lässt sich die Gruppenarbeit so gestalten, dass die Interessen aller gewahrt bleiben?

Um Neues zu entwickeln, macht es Sinn, sich erst einmal mit den bestehenden Strukturen der Selbsthilfe zu beschäftigen, um zu schauen, wie sich die Arbeit im Verband und in den Gruppen in den letzten Jahren gestaltet hat. Ältere Gruppenmitglieder sollten daher Gelegenheit erhalten, über ihre Erfahrungen zu berichten. Wie war es damals? Was hat sich im Laufe der Zeit verändert? Was hat sich in der bisherigen Gruppenarbeit, wenn man zurückschaut, besonders gut bewährt? Was ist eventuell überholt? Welche Formen der Gruppenarbeit sollten beibehalten werden? Welchen Stellenwert räumen wir Freizeitaktivitäten im Rahmen unserer Gruppenaktivitäten ein? Die Jüngeren könnten diskutieren, wie sie die geschichtliche Entwicklung der Selbsthilfe wahrnehmen und welche Veränderungen aus ihrer Sicht notwendig sind, damit die Gruppenarbeit auch für jungen Menschen interessant erscheint. Der kontinuierliche Austausch zwischen den Generationen könnte darüber hinaus wichtige Anhaltspunkte dafür liefern, wie man die Suchtselbsthilfe auf Dauer zukunfts- und wetterfest macht.

Das Kind nicht mit dem Bade ausschütten

In ihrer langen Geschichte haben Suchtselbsthilfegruppen so manche Umbrüche und Veränderungen erlebt. Auch haben sie versucht, immer ein Stück weit mit der Zeit zu gehen. Auf diese Weise hat sich ihr Gesicht im Laufe der Jahre verändert, auch wenn die Kernarbeit in den Gruppen und Verbänden keine allzu großen Veränderungen erfahren hat. Wenn es zu Veränderungen kam, bezog sich dies nicht generell auf die Arbeitsweise und die Zusammensetzung der Gruppen, sondern auf bestimmte Themenstellungen, auf Ansichten über Sucht und Abhängigkeit, auf das Rückfallgeschehen und die Abstinenz.

Eine besondere Stärke, die Selbsthilfegruppen auszeichnet und ihr Gesicht prägt, lässt sich nicht auf einen Nenner bringen. Es ist ein Kanon von persönlichen und emotionalen Kompetenzen, von Wertvorstellungen, von Menschenbildern, von Fachwissen, aber auch von Zugehörigkeitsgefühlen und Lebenserfahrungen. Dies alles sind wichtige Elemente des sich wandelnden Gesichts der Suchtselbsthilfe (Meggeneder 2011). Zu den manchmal unausgesprochenen Voraussetzungen der Gruppenarbeit gehört nicht zuletzt der feste Glaube, dass Menschen sich ändern können.

Wenn es gelingt, Betroffene auf dem Weg der Abstinenz zu begleiten und ihnen zu helfen, das eigene Verhalten zu verändern und eine angemessene Vorgehensweise im Umgang mit sich und anderen Menschen zu entwickeln, ist schon ein großer Schritt getan. Wenn es dazu noch gelingt, sie über den Prozess der Nachreife hinaus weiter wachsen zu lassen, um neue Talente zu entdecken und zu entwickeln, ist viel erreicht.

Dazu gehört auch die Bereitschaft, sich weiterzubilden, um sich nicht nur mit der Suchtproblematik zu beschäftigen, sondern auch mit Themen, die darüber hinausgehen. Dies bedeutet aber nicht, dass man die klassischen Themen (wie z. B. „Umgang mit Rückfällen", „Sucht und Partnerschaft", „Wertschätzung und gegenseitige Achtung" etc.) aus den Augen verlieren sollte.

Den Wandel aktiv gestalten

In den letzten Jahren wird oft über das Thema „Überalterung der Selbsthilfe" gesprochen. Im Vordergrund stehen dabei Fragen nach einem an- oder ausstehenden, ablaufenden oder vollzogenen Aufgaben- und Generationenwechsel. Selbsthilfeaktivisten sprechen sogar von einer Überforderung und Überlastung und klagen über Nachwuchsprobleme und die Schwierigkeit, überhaupt genügend aktive Mitstreiter/innen für ihre Arbeit zu gewinnen.

Dass der Generationswechsel bereits begonnen hat, ist nicht von der Hand zu weisen. Dennoch hat es einen solchen Wechsel in der Geschichte der Suchtselbsthilfe immer wieder gegeben. Man sollte sich daher vor Augen führen, dass mit solchen Veränderungen auch die Chancen für neue Entwicklungen wachsen. Wichtig erscheint, wie man in den Gruppen mit einem solchen Wandel umgeht und sich dabei für notwendige Veränderungen öffnet.

Dass die Selbsthilfe „altert" ist angesichts der demografischen Entwicklung nicht verwunderlich. Angemerkt sei aber, dass die Arbeit in vielen Gruppen schon immer zu einem überwiegenden Teil von Menschen mittleren Alters und Senior/innen geleistet wurde. Dennoch sollte nichts unversucht bleiben, junge Gruppenmitglieder zu gewinnen, um sie in die Verbandsarbeit einzubinden, denn für die Gruppenkultur ist es äußerst belebend, wenn alle Generationen unter einem Dach vertreten sind.

Allgemein festzustellen ist jedoch die sinkende Bereitschaft zum aktiven Engagement, was auf einen zunehmenden „Selbsthilfe-Konsum" hinweist, der die Gruppenarbeit gefährden kann. Es wird daher empfohlen, frühzeitig nach Lösungen zu suchen, da das Risiko der Zunahme solcher Haltungen schnell zu einer Arbeitsüberlastung derjenigen Akteure führt, auf deren Schultern die Arbeit der Gruppen und Verbände ruht.

Als Grundlage für eine notwendige Diskussion zu diesem Thema könnte ein Leitbild dienen, bei dem es um die Rolle persönlicher Beziehungen und um das gegenseitige Annehmen, Wertschätzen und Verstehen geht. Eine besondere Bedeutung könnten dabei Aspekte wie Verlässlichkeit, Selbstbestimmung, Eigenverantwortung und Gleichberechtigung haben. Auch Themen wie „Fremd- und Selbsthilfe", „Respekt und Wertschätzung" sollten in eine solche Diskussion einbezogen werden.

3.3 Das Selbsthilfeangebot aufrechterhalten

Noch ist die Suchtselbsthilfe in Deutschland durch eine beträchtliche thematische und organisatorische Vielfalt gut aufgestellt. Durch den altersdemografischen Wandel muss aber in den kommenden Jahren mit erheblichen Veränderungen in den Strukturen der Verbände und Gruppen gerechnet werden, besonders wenn der Nachwuchs ausbleibt.
Dazu kommt, dass die Suchtselbsthilfeverbände inzwischen eine nicht unbedeutende Anzahl an Mitgliedern verloren haben, wobei dieser Verlust durch neue Mitgliedschaften vielfach nicht ausgeglichen werden kann. Auch bleiben viele

Suchtkranke erst einmal aus, da sie nach einer ambulanten oder stationären Behandlung an begleitenden Maßnahmen der professionellen Suchthilfe teilnehmen.

Darüber hinaus verliert die Suchtselbsthilfe nicht nur Mitglieder, sondern auch Gruppen, so dass dadurch eine herbe Lücke im infrastrukturellen Angebot der lokalen oder regionalen Gesundheitsselbsthilfe entsteht.

Zwar existiert zur Überwindung von Abhängigkeitserkrankungen in Deutschland neben den rund 8.000 Suchtselbsthilfegruppen ein breites, leistungsfähiges und auch wirksam vernetztes Hilfsangebot, nur erreicht dieses System nur ungefähr acht bis zehn Prozent aller Suchtkranken. Umgekehrt bedeutet dies, dass es in unserer Gesellschaft viele Suchtkranke gibt, die aus unterschiedlichen Gründen nicht den Weg in die Suchtselbsthilfe finden. Dies ist ein wichtiger Aspekt, der in der Diskussion um die Zukunft der Suchtselbsthilfegruppen nicht außer Acht gelassen werden darf.

Da Suchtselbsthilfegruppen einen wichtigen gesellschaftlichen Beitrag für das Gesundheitssystem leisten, sollten sie durch die professionelle Suchthilfe (Beratungsstellen, Fachkliniken etc.) bei der Gewinnung neuer Mitglieder stärker unterstützt werden. Angestrebt werden sollte auch eine engere Kooperation mit Krankenkassen, vor allem der GKV, da sie alle von der Arbeit der Suchtselbsthilfe profitieren.

Alle Generationen unter einem Dach

Für die Arbeit der Selbsthilfegruppen ist es äußerst belebend, so zeigt die Praxis, wenn alle Altersgruppen unter einem Dach versammelt sind, denn sie bringen unterschiedliche Lebenserfahrungen mit, was die Gruppenarbeit bereichert. Die jüngere Generation kann dabei von den Kenntnissen der älteren Generation profitieren, da sich für sie dadurch ein Tor zur Geschichte der Suchtselbsthilfe öffnet.

Auch wenn die junge Generation in heutigen Suchtselbsthilfegruppen noch unterrepräsentiert ist, so muss dies nicht bedeuten, dass dies so bleiben muss. Ein gravierender Vorteil für die Gewinnung von Nachwuchs wird darin gesehen, dass Selbsthilfegruppen niederschwellig arbeiten, so dass ein angstfreier Kontakt zu ihnen möglich ist. Auch sollten sie sich fragen, was junge Betroffene motivieren könnte, am Gruppenleben teilzunehmen. Hilfreich wäre es, sich mit der Lebensweise und den Lebensstilen der jungen Generation zu beschäftigen, um zu wissen, wie sie wirklich tickt (vgl. Scholz 2014).

Auch könnte der Austausch mit Jugendlichen an Schulen oder in Jugendeinrichtungen (z. B. im Rahmen von Maßnahmen zur Suchtprävention) genutzt werden. Des Weiteren kann der Internetauftritt eines Verbandes oder einer Selbsthilfegruppe einen bedeutenden Beitrag zur Öffentlichkeitarbeit leisten. Bei der Gestaltung von Internetseiten empfiehlt es sich, mit der jungen Generation zu kooperieren, um den Aufbau und die Inhalte einer Homepage auch für jüngere Betroffene interessant zu machen.

Über Lebensgeschichten reden

Wie unsere Untersuchung zeigt, dominieren in der Suchtselbsthilfe die Altersgruppen der 55- bis 64-Jährigen und der 45- bis 54-Jährigen mit insgesamt 63 Prozent. Diejenigen von ihnen, die in den 1950er- und 1960er-Jahren geboren sind, bezeichnet man auch als die „geprügelte Generation", da viele von ihnen, ob im Elternhaus oder Schule, noch zu einem großen Teil durch autoritäre Erziehung geprägt wurden. Solche Erziehungspraktiken gehen an Kindern und Jugendlichen nicht spurlos vorbei, sondern haben sich zum Teil tief in ihre Psyche eingebrannt.

Der autoritäre Erziehungsstil zeichnet sich durch folgende Merkmale aus: hohe Kontrolle seitens der Erwachsenen bei wenig Akzeptanz der kindlichen Bedürfnisse, Zurückweisung und wenig elterliche Zugewandtheit, starke Lenkung der kindlichen Interessen und Aktivitäten durch die Erzieher. Viele Anweisungen und Befehle, dafür wenig Erklärungen. Fehlverhalten wird bestraft, auch mit körperlicher Gewalt. Der autoritäre Erziehungsstil zielt auf erwünschtes Verhalten anstatt auf einsichtiges Handeln ab. Auf diese Weise wurde die Autonomie der meisten Kriegs- und Nachkriegskinder gebrochen, da ein gegenseitiger Austausch im Elternhaus damals kaum möglich war (Alberti 2010).

Solche Erlebnisse, die oftmals mit seelischen Spannungen einhergehen, können neben anderen Faktoren ein bedeutender Auslöser für eine Suchtmittelabhängigkeit sein. Hierzu gehört auch ein überbesorgtes und vernachlässigendes Verhalten der Eltern, das Kindern und Jugendlichen zu wenig Freiheit in ihrer Entwicklung gewährt.

Andere Erfahrungen haben diejenigen Betroffenen gemacht, die in den späten sechziger Jahren geborenen wurden. Ihre Eltern schätzten den autonomen und eigenen Willen ihrer Kinder schon mehr und berücksichtigen weitgehend ihre Interessen. Dennoch hatte auch hier die elterliche Sichtweise Vorrang, da sie von ihren Kindern stets Gehorsam verlangten (vgl. Rickling/Thornau 2015).

Es könnte spannend sein, sich in der Gruppenarbeit mit der Lebensgeschichte der unterschiedlichen Generationen intensiver zu beschäftigen, soweit die Gruppenmitglieder dafür offen sind. Wichtig erscheint dabei, dass ein solcher Austausch in Form von Selbsterfahrung erfolgt, da diese Methode einen gezielten Beitrag dazu leisten kann, eigene Verhaltensmuster transparenter und bewusster zu machen. Selbsterfahrung hat nichts mit professioneller Therapie zu tun, denn es geht hierbei konkret um Selbstreflexion. Selbsterfahrung gehört zu den wesentlichen Elementen der Selbsthilfearbeit, auch wenn dieser Ansatz heute vielfach in der therapeutischen Arbeit genutzt wird.

Sprachliche Barrieren überwinden

Die Praxis der Arbeit mit Suchtselbsthilfegruppen zeigt, dass ein Großteil der Gruppenmitglieder sprachlich auf Alltagsgeschehnisse fokussiert ist, relativ wenig abstrahiert, aber viele Dinge klar und deutlich auf den Punkt bringt. Dabei spielen Lebens- und Berufserfahrungen eine zentrale Rolle.

Das gegenseitige Wahrnehmen und Verstehen und die Fähigkeit zur Selbstreflexion sind wesentliche Voraussetzungen für das Funktionieren des kommunikativen Austausches. Demnach ist die Sprache Träger von Sinn und Überlieferung, Schlüssel zum Welt- und Selbstverständnis und ein bedeutendes Mittel zwischenmenschlicher Kommunikation.

Die Sprache verbindet die Mitglieder einer bestimmten sozialen Gruppe wie ein Code. Daher haben Sprachbarrieren immer auch eine soziale Seite, denn sie können dazu beitragen, dass sich Kommunikationspartner nicht verstehen oder aneinander vorbeireden. Auch kulturelle Interessen und Vorlieben sind von Bedeutung, wenn es um den kommunikativen Austausch geht.

Die Begegnung zwischen Alt und Jung kann für die Arbeit der Suchtselbsthilfegruppen äußerst bereichernd sein, ja sogar neuen Schwung ins Gruppengeschehen bringen, was aber voraussetzt, dass sprachliche Barrieren überwunden werden, so dass ein gutes Einvernehmen zwischen allen Beteiligten möglich ist. Manche Gruppen möchten ihre jungen Mitglieder nicht mehr missen, da sie für viele Dinge des Lebens offen sind und neue Themen in den Gruppenprozess einbringen.

Die mittlere Generation stärker schulen

Langsam rücken in der aktiven Verbands- und Gruppenarbeit der Suchtselbsthilfe jene Jahrgänge nach, die heute um die vierzig bis fünfzig Jahre alt sind. Wie im Rahmen unserer Datenanalyse erwähnt, ist davon auszugehen, dass gerade diese Generation der Gruppenaktiven in ihrer Arbeit stärker mit neuen Süchten konfrontiert wird, wozu insbesondere Formen der Mehrfachabhängigkeit gehören. Es wird daher empfohlen, die mittlere Generation im Rahmen von Seminaren und Kursen stärker mit diesen Themen vertraut zu machen.

Was spricht dafür? Wir werden heute auf verschiedenen Ebenen mit gesellschaftlichen Umbrüchen konfrontiert, die durch eine tiefgreifende technologische Revolution geprägt sind, wozu besonders Informations- und Kommunikationstechnologien zählen. Solche Veränderungsprozesse gehen am sozialen Zusammenleben der Menschen nicht unbeschadet vorbei, da sie ihre Zeit- und Lebensrhythmen verändern.

Im Zuge dieser Entwicklungen muss der Mensch des 21. Jahrhunderts immer mobiler und flexibler werden, was aber bei breiten Teilen der Bevölkerung zu Instabilität und Verunsicherungen beigetragen hat. Auch haben solche Veränderungsprozesse einen konkreten Einfluss auf das gesellschaftliche Suchtverhalten, bei dem Faktoren wie Arbeits- und Zeitdruck im Kontext von negativem Stress eine zentrale Rolle spielen. Aber auch im übersteigerten Konsumverhalten der Menschen und in dem damit verwobenen Kreislauf von nicht stillbaren Bedürfnissen, die nach ständiger Dosissteigerung verlangen und nur wenig Befriedigung verschaffen, spiegelt sich das Wesen der Sucht wider.

Das Doping im Alltag und die leistungssteigernde Stimulierung des Hirns durch Drogen und Medikamente spielen daher eine immer bedeutendere Rolle in der heutigen Gesellschaft. So kombinieren Suchtmittelabhängige mitunter bewusst unterschiedliche psychoaktive Substanzen, um auf diese Weise bestimmte körperliche oder seelische Effekte zu erzielen.

Ein Beispiel dazu ist das Aufputschen und Anheizen der Stimmung auf Partys mit Ecstasy und das anschießende Herunterkommen („chill out", engl. für abkühlen, entspannen) mit beruhigenden und angstlösenden Substanzen wie Cannabis oder Benzodiazepinen (psychoaktive Medikamente mit Flunitrazepam oder Diazepam).

Immer mehr gefragt sind auch aufputschende Designerdrogen, die die Konsumenten nicht nur wach, sondern angeblich auch selbstbewusster machen. Sie verspüren dann keinen Hunger und keine Müdigkeit mehr, wobei ihre Libido gesteigert ist. Dies alles sind natürlich nur Momentaufnahmen, denn der Katzenjammer folgt nach einem solchen Drogenkonsum meist auf dem Fuße.

Leider ist es so, dass eine permanente Überforderung schon heute das Lebensgefühl vieler Menschen auszeichnet. Es ist davon auszugehen, dass Arbeitsstress und Alltagshektik auch in Zukunft nicht weniger werden, so dass auf gesellschaftlicher Ebene nicht mit einem Rückgang des Missbrauchs von Alkohol und Drogen zu rechnen ist. Besonders die nachrückende mittlere Generation der Gruppenleiter/innen und Verbandaktivist/innen sollte sich daher näher mit dieser wichtigen Thematik beschäftigen, auch wenn sie für alle Gruppenmitglieder interessant ist.

3.4　Die Grenzen der Selbsthilfe erkennen

Suchtselbsthilfegruppen können im Allgemeinen die Stärken ihrer Arbeit gut einschätzen. Wenn es jedoch um andere Suchtformen geht, mit denen sie sich noch nicht so intensiv befasst haben, kommen sie rasch an ihre Grenzen. Dies hat u. a. damit zu tun, dass das Thema „Alkohol" seit langer Zeit in der Suchtselbsthilfe im Vordergrund steht, so dass über illegale Drogen vielfach nur am Rande diskutiert wird. Dies verwundert aber nicht weiter, denn der Alkohol ist in unserer Gesellschaft immer noch die Droge Nr. 1. So sterben an den akuten und langfristigen Folgen des Alkoholmissbrauchs allein in Deutschland jährlich über 80.000 Menschen, am Konsum illegaler Drogen ca. 1.200 Menschen (vgl. The Huffington Post vom 07.07.2014; Drogenbericht der Bundesregierung 2016).

Auch wenn Drogen- und Mehrfachabhängige in Suchtselbsthilfegruppen noch unterrepräsentiert sind, so ist, wie bereits betont, auf gesellschaftlicher Ebene eine starke Zunahme des Mehrfachkonsums zu verzeichnen. Damit ist die gleichzeitige Abhängigkeit von chemischen Substanzen aus verschiedenen pharmakologischen Gruppen gemeint (z. B. die Kombination von Opiaten und Alkohol oder auch von Alkohol und Cannabis).
Der Verband der deutschen Rentenversicherungsträger hat in diesem Zusammenhang darauf hingewiesen, dass die stationäre und ambulante Entwöhnungsbehandlung von Mehrfachabhängigen in den letzten Jahren deutlich zugenommen hat (Niedersächsisches Ministerium für Soziales, Frauen, Familie und Gesundheit 2008).

Es kann also nicht schaden, sich im Rahmen der Gruppenarbeit einen Überblick über die Wirkungsweisen und gesundheitlichen Risiken des Konsums illegaler Drogen zu verschaffen.

Hierzu einige kurze Beispiele: Beim Gebrauch von Kokain kommt es nicht nur zu erheblichen Gedächtnisstörungen, sondern auch zu sogenannten „Kokain-Psychosen" und paranoiden Erlebnissen, die mit Halluzinationen, Angstzuständen und Wahnvorstellungen einhergehen können (Schweer/Strasser 1994). Auch der Konsum von Heroin ist mit einem hohen Suchtpotenzial und einer Anzahl gesundheitlicher Risiken verbunden. Beim Absetzen der Droge kann es zu starken körperlichen Entzugserscheinungen kommen. Die sich in der Regel rasch entwickelnde und ausgeprägte körperliche und psychische Abhängigkeit von dieser Droge, die oftmals noch mit undefinierten Substanzen gestreckt wird, kann zu erheblichen Gesundheitsproblemen führen. Zwar galt Heroin seit einigen Jahren als out, doch ist die Anzahl der Konsumenten seit 2014 wieder leicht angestiegen. Allgemein stieg auch die Zahl der Konsumenten anderer Drogen wieder an (DHS 2016).

Dazu gehört vor allem Crystal Meth, ein Methamphetamin, das relativ rasch zur psychischen und körperlichen Abhängigkeit führt (vgl. Deutsche Hauptstelle für Suchtfragen 2013 und 2015). Es handelt sich um eine vollsynthetische Droge, deren Gebrauch mit starker körperlicher Erregung und physischer Leistungssteigerung einhergeht. Dies liegt daran, dass ihr Konsum eine erhöhte Ausschüttung von Adrenalin bewirkt, so dass es rasch zu einer Erhöhung der Puls- und Herzfrequenz und des Blutdrucks kommt. Gepuscht werden gleichzeitig Dopamin und Serotonin, was zu starken euphorischen Gefühlen beiträgt. Ähnlich wie beim chronischen Kokainkonsum werden Crystal-Meth-Konsumenten auf längere Sicht emotional äußerst labil, sind häufig hektisch, gereizt und aggressiv und leiden unter schwankenden Gefühlsstimmungen. Die Gefahr von Psychosen und gesundheitlichen Schädigungen ist daher äußerst hoch (Härtel/Petri 2014).

Im Gegensatz zum Alkohol steht der Besitz illegaler Drogen unter Strafe, so dass Drogenkonsumenten permanent Angst haben müssen, mit dem Gesetz in Konflikt zu kommen, was eine gravierende psychische Belastung für sie sein kann.

Dagegen haben wir es beim Alkohol mit einer gesellschaftlich akzeptierten Droge zu tun, die rund um die Uhr verfügbar ist. Wie kein anderes Rauschmittel erfreut sich der Alkohol über einen langen geschichtlichen Zeitraum einer nachhaltigen Beliebtheit, ungeachtet der mit seinem Konsum verbundenen gesundheitlichen Folgen. Alkohol schadet nicht nur dem Einzelnen, sondern auch der Gesellschaft. „Seelische, körperliche und sexuelle Gewalt vor allem in Familien und Partnerschaften, Unfälle und Verbrechen unter Alkoholeinfluss sind in vielen Ländern und vor allem in Europa und Deutschland Alltag. Auch die wirtschaftlichen Schäden sind groß, denn übermäßiges Trinken macht viele krank" (Die Zeit vom 12.05. 2014).

Gegenüber dem Konsum illegaler Drogen bestehen in unserer Gesellschaft jedoch noch etliche Vorurteile, wozu auch eine überzogene und oft falsche Berichterstattung in den Medien beiträgt. Daher ist es ratsam, sich in der Gruppenarbeit anhand seriöser Publikationen (wie sie u. a. die Deutsche Hauptstelle für Suchtfragen vorhält) über die Wirkungsweisen solcher Drogen zu informieren, um nicht falschen Vorstellungen und Vorurteilen aufzusitzen.

Wenn es um neue Süchte geht, dann sollten sich die Gruppen vor allem fragen, inwieweit sie sich für dieses Thema öffnen wollen. Betroffene, die Erfahrungen mit anderen Drogen gemacht haben, können für die Gruppenarbeit bereichernd sein. Fühlt sich eine Gruppe jedoch mit dieser Thematik überfordert, kann sie schnell an ihre Grenzen geraten. Sie sollte sich vor allem darüber im Klaren sein, inwieweit sie Gruppenmitgliedern mit solchen speziellen Suchtproblemen gerecht werden kann. Zumindest, und das beweisen inzwischen einige Suchtselbsthilfegruppen in Deutschland, können alle Gruppenmitglieder, ob nun alkohol- oder drogenabhängig, viel voneinander lernen, wenn es um die Wege in die Sucht und aus ihr heraus geht.

3.5 Risiken der Medizinalisierung der Sucht

Die moderne Medizin ist inzwischen zu der Einsicht gelangt, dass es mit dem Verzicht auf Alkohol allein nicht getan ist, da man davon ausgeht, dass das seelische Leiden in der Abstinenz erst richtig beginnt. Mit solchen pauschalen Zuschreibungen wird das Interesse zum Ausdruck gebracht, stärker in den Bereich der Suchtnachsorge vorzudringen, wie es bereits in der Herointherapie seit Jahren der Fall ist: Substitution statt abstinenzorientierter Behandlung. Ein solches Denken und Handeln trägt jedoch dazu bei, den Missbrauch von Alkohol vermehrt als mental-körperliches Gebrechen zu betrachten. Eine solche diagnostische Macht erhebt dabei nicht nur Anspruch darauf, verbindlich zu definieren, was normal und abweichend ist, sondern sie monopolisiert auch die Verfahren, mit deren Hilfe jeweilige Normalitätsstandards erreicht werden sollen.

Damit besteht die Gefahr, dass die sozialen Ursachen der Alkoholabhängigkeit vornehmlich als Randaspekt betrachtet werden, so dass körperlich-organische und psychische Fehlfunktionen stärker in den Fokus medizinischer Aufmerksamkeit rücken. Soziologische Untersuchungen zeigen aber, dass die Alkoholabhängigkeit mehr ist als nur ein rein medizinisches Phänomen, denn sie ist auf Engste mit sozialen Faktoren und Persönlichkeitsdimensionen verbunden.

Zu beobachten ist schon heute, dass es im Wege der Medizinalisierung der Sucht zu einer stärkeren Verschreibung von Psychopharmaka gekommen ist. Dabei ist es noch gar nicht lange her, dass das Verschreiben solcher Medikamente in der Suchttherapie als Kunstfehler betrachtet wurde. Mit der Medizinalisierung des Alkoholismus möchte man jedoch stärker dem in der Herointherapie gebahnten Weg der Substitution folgen und weniger auf eine abstinenzorientierte Behandlung setzen. Durch eine medikamentöse Behandlung besteht aber das Risiko, die Motivation der Betroffenen zu bremsen, an sich zu arbeiten, sich zu verändern und den abstinenten Weg als Eigenleistung zu verstehen (Rost 2013). Ganz abgesehen von den Gefahren einer Suchtverlagerung, worüber in der Suchtforschung noch zu wenig diskutiert wird.

Auch kann die Einnahme von Psychopharmaka dazu führen, dass Betroffene meinen, sie könnten auf eine Mitgliedschaft in einer Suchtselbsthilfegruppe verzichten. Dass dies ein Trugschluss ist, muss nicht lange erklärt werden, denn kein noch so gutes Medikament kann die wertvolle Unterstützungsarbeit der Selbsthilfegruppen in irgendeiner Form ersetzen.

Selbsthilfe zielt darauf ab, dass die oder der Betroffene wieder zum Subjekt wird, „zu einem Menschen, der sich selbst annimmt, der selbst an seiner Krankheit arbeitet, der selbst für seine Genesung verantwortlich ist, der selbst mit seinem Leben zurechtkommt" (DHS 2001: 7).

Machen wir uns aber nichts vor: die Medizinalisierung der Sucht schreitet weiter voran. Ein gutes Beispiel ist die heute gängige Praxis der Verschreibung von Antidepressiva. Auffällig ist, dass die Verordnung solcher Psychopharmaka bei trockenen Alkoholiker/innen in den letzten Jahren stark zugenommen hat. Die Verschreibungspraxis soll hier keineswegs in Bausch und Bogen verurteilt werden. Es wird nur darauf aufmerksam gemacht, dass sie zu lax gehandhabt wird.

Dabei ist es nach dem Absetzen des Alkohols gar nicht ungewöhnlich, dass es zu negativen Stimmungen, extremer Müdigkeit und Abgeschlagenheit kommt, was damit zusammenhängt, dass der Dopaminspiegel stark absinkt. Besonders in der ersten Zeit der Abstinenz verlangt das Gehirn weiterhin nach stimulierenden Substanzen (z. B. Alkohol), um den gewohnten Dopaminspiegel wiederherzustellen. Es dauert also eine Weile, bis sich dieser wieder auf Normalmaß bewegt.

Leider ist es in unserer Gesellschaft so, dass Psychopharmaka zu schnell und unreflektiert verschrieben werden. Der Pharmakologe Gerd Glaeske macht in diesem Zusammenhang überaus deutlich, dass Antidepressiva oftmals ohne die Begründung einer einschlägigen Depressionsdiagnose verordnet werden (vgl. Glaeske 2015). Depressionen sind inzwischen zu einem gesellschaftlichen Massenphänomen geworden, obwohl es in der Medizin und in der Psychologie immer noch an einem einheitlichen Verständnis und einer fundierten Erklärung bezüglich der Ursachen solche Störungen mangelt.

Nicht zu Unrecht betont daher die Soziologin Charlotte Jurk, dass das Krankheitsbild „Depression" nicht exakt erklärt werden kann, da es ein Gemenge mit all jenen Zuständen bildet, die als Angst oder Zwang, Trauer, Schock oder Resignation einst eigene Namen hatten (vgl. Jurk 2008). Interessant dabei ist, dass Depressionen heute unter dem Begriff „Psychosoziale Lifestyle-Erkrankung" firmieren. Zur Kategorie solcher Störungen gehört dann beispielsweise das „Paradies-Syndrom", das bei Betroffenen trotz vermeintlich perfekter äußerer Umstände keine Glücksgefühle mehr aufkommen lässt. Wie aber kommt es zur massenhaften Verschreibung von Antidepressiva – und was hat das Ganze mit den tief greifenden Veränderungen in unserer Gesellschaft zu tun?

Der französische Soziologe Alain Ehrenberg, der sich mit den Ursachen der Depression beschäftigt, meint, dass Selbstverwirklichung, Streben nach Glück und Erfolg Ansprüche sind, die von viel zu vielen Menschen unkritisch übernommen werden. Immer mehr scheitern laut Ehrenberg an zu hoch gesteckten Ansprüchen und reagieren mit innerer Leere, Depression, Antriebslosigkeit und Suchtverhalten auf ihr vermeintliches „Versagen". Schaut man genauer hin, so zeigt sich schnell, dass die Ausbreitung solcher Störungen oft Folge einer institutionellen Überforderung ist (Ehrenberg 2015). Damit ist gemeint, dass die Menschen mit den steigenden komplexen Anforderungen in der Arbeits- und Lebenswelt oft nicht mehr zurechtkommen, da sie sich diese zu sehr zu eigen machen und meinen, sie müssten sie übermäßig erfüllen. Besonders kritisch wird es, wenn noch der Drang zur Selbstperfektionierung hinzukommt, der die bereits stressgeplagten Individuen dann vollends überlastet. Mit Zuständen wie Erschöpfung, Überforderung und Handlungsunfähigkeit ist das Krankheitsbild der Depression daher ein sehr zeitgemäßes gesellschaftliches Phänomen.

Dabei hat sich der Druck auf die psychische Stabilität der Menschen in vielen Bereichen des Lebens in den letzten Jahren immer weiter erhöht. Dies betrifft besonders die widersprüchlichen Anforderungen im modernen Berufsalltag, der nach dem allseits flexiblen und mobilen Menschen verlangt, der trotz betrieblicher Hektik und Arbeitsstress noch gesund und ausgeglichen leben soll. Dass dadurch psychische Blockaden entstehen, Menschen handlungsunfähig und hoffnungslos werden, ist Resultat eines solchen Prozesses. Psychopharmaka sollen dann dabei helfen, Gefühle der inneren Leere und Niedergeschlagenheit zu überwinden. Selbstverständlich soll leidenden Menschen geholfen werden. Ob es aber mit der massenhaften Verschreibung von Medikamenten (auch bei begleitender Psychotherapie) getan ist, ist eine legitime Frage.

Es erscheint daher wichtig, in den Selbsthilfegruppen offen und kritisch über die Verordnung von und den Umgang mit Psychopharmaka zu sprechen. Auch sollte verdeutlicht werden, dass Sucht mehr ist als ein medizinisches Phänomen, denn sie hat unverkennbar eine seelische, soziale und gesellschaftliche Seite.

Und gerade in Bezug auf die psychosoziale Seite kommt der Hilfe zur Selbsthilfe eine bedeutende Rolle zu, denn sie fördert, so zeigt unsere Studie, die Selbstbestimmung und Eigenverantwortung, das Selbstbewusstsein und das psychosoziale Wohlbefinden ihrer Mitglieder. Sie gibt ihnen Halt und Zuversicht, denn die Gruppe ist als Gemeinschaft zugleich ein Ort kollektiver Unterstützung und sozialer Bindung. So betont dann auch ein Großteil der von uns Befragten, dass sie sich durch den Gruppenbesuch seelisch ausgeglichener und körperlicher wohler fühlen, was für die Arbeit der Suchtselbsthilfegruppen spricht.

Suchtselbsthilfegruppen sind ein kritischer Spiegel im Leben der Betroffenen (und Mitbetroffenen), deren kontinuierlicher Besuch äußerst hilfreich ist, wenn es um die Gewinnung von Selbstvertrauen und Ich-Stärke geht. Allein schon aus diesem Grund erscheint es wichtig, dass die Suchtselbsthilfe ihre Eigenständigkeit bewahrt und sich nicht zum Anhängsel einer medizinisch orientierten Suchttherapie machen lässt. Daher muss sie ihren Anspruch der Hilfe für Betroffene von Betroffenen vor, während und nach der professionellen therapeutischen und medizinischen Hilfe und unabhängig davon bewahren.

3.6 Frau und Sucht – kein Randthema

Das Thema „Frau und Sucht" führt in unserer Gesellschaft immer noch ein Schattendasein. Auch in manchen Selbsthilfegruppen wird darüber noch viel zu wenig diskutiert. Warum das so ist, mag daran liegen, dass der Missbrauch von Alkohol lange Zeit als rein männliches Phänomen betrachtet wurde.

Angetrunkene oder betrunkene Frauen gelten auch in der heutigen Gesellschaft noch als unangenehm, da man ihnen – im Gegensatz zu trinkenden Männern – mangelnde Verhaltenskontrolle und Fehlanpassung im Hinblick auf die ihnen zugeschriebene gesellschaftliche Rolle unterstellt. „Dient Trunkenheit bei Männern als Entschuldigung dafür, dass sie sich ‚mit besoffenem Kopp' exzessiv verhalten, so können Frauen auf diesen mildernden Umstand keineswegs zählen; im Gegenteil potenziert die Trunkenheit bei ihnen das Ausmaß ihrer Abweichung. Trinkende Frauen entsprechen nicht dem Bild von Weiblichkeit; Trinken gilt als unweiblich, trinkenden Frauen wird ein Hang zur Vermännlichung zugeschrieben" (Franke 2005: 458).

Alkoholabhängigen Männern bringt man in unserer Gesellschaft hingegen mehr Verständnis entgegen, während betroffene Frauen als doppelte Normverletzerinnen gelten. Man unterstellt ihnen, nicht nur eine männertypische Erkrankung zu haben, sondern durch ihr Trinkverhalten auch noch in ein fremdes Territorium eingedrungen zu sein. Möglicherweise deuten solche Zuschreibungen auch darauf hin, warum das Thema „Frau und Sucht" in wissenschaftlichen Untersuchungen immer noch zu kurz kommt.

Dass es so wenige Studien zu dieser Thematik gibt, ist eigentlich kurios, denn Frauen mit einem Alkoholproblem stellen in unserer Gesellschaft keine Minderheit dar, da sich ihr Anteil unter den Alkoholabhängigen bei 30 Prozent bewegt (siehe dazu auch die Ergebnisse unserer Untersuchung).

So geht die Deutsche Hauptstelle für Suchtfragen (DHS) für das Jahr 2014 von einer Gesamtzahl von 1.8 Mio. alkoholabhängigen Männern und Frauen aus, auch wenn Suchtexperten meinen, dass die Zahl der Betroffenen in Deutschland weitaus höher zu veranschlagen ist (Deutsche Hauptstelle 2016).

Legt man jedoch die von der DHS behauptete Gesamtzahl der Alkoholabhängigen zugrunde, so beläuft sich der Anteil alkoholabhängiger Frauen auf 540.000. Addiert man noch die ca. 480.000 Frauen hinzu, die eine alkoholbezogenen Störung (schädlicher und gesundheitsriskanter Konsum) aufweisen, haben über eine Millionen Frauen in Deutschland ein Alkoholproblem.

Frauen beginnen mit dem regelmäßigen Trinken im Durchschnitt später als Männer, was unsere Untersuchung verdeutlicht. Besonders gehäuft treten Alkoholprobleme bei ihnen im Durchschnitt um das 40. Lebensjahr auf (Franke et al. 1998).

Entscheidend für den problematischen Umgang mit Alkohol und für die Entwicklung einer Alkoholabhängigkeit ist vor allem die familiale und berufliche Situation betroffener Frauen. Auch Trennung und Scheidung spielen eine nicht zu verkennende Rolle. Gesichert ist, dass Frauen häufiger mit einem ebenfalls abhängigen Partner zusammenleben, was dahingehend interpretiert werden kann, dass sie ihren Alkoholmissbrauch nicht aufgeben, um die Kommunikation und das soziale Miteinander temporär zu steigern und das Gleichgewicht im Familiensystem aufrechtzuerhalten. Dabei trennen sich mitbetroffene Männer eher von ihren suchtkranken Partnerinnen und reichen die Scheidung ein (DHS 2001).

Grob betrachtet existieren zwei unterschiedliche Gruppen von alkoholabhängigen Frauen, auch wenn real weitaus vielfältigere Unterschiede zu verzeichnen sind. Die erste Gruppe verfügt über einen hohen Schulabschluss und bewegt sich dementsprechend in gehobenen beruflichen Positionen (z B. in den Führungsetagen privater Dienstleister, Banken und Versicherungen etc.). Zur zweiten Gruppe zählen Frauen mit „geringerer" Schulbildung, die aufgrund familialer und beruflicher Belastungen zum kompensatorischen Alkoholkonsum neigen.

Für die erste Gruppe spielt der Alkoholkonsum insofern eine Rolle, da Frauen in gehobenen Positionen trinken, wenn berufliche Anforderungen und Belastungen, die oft mit starkem Stress einhergehen, überhandnehmen. Aber auch die Doppelbelastung durch Familie und Beruf kann ein weiterer Auslöser für ihr exzessives Trinkverhalten sein. Werden Frauen aus dieser Gruppe sozial auffällig, wird ihre Alkoholabhängigkeit „mehr im Rahmen privater medizinischer und psychosozialer Versorgung behandelt" (vgl. Franke 2005: S. 460). Dies ist möglicherweise ein Grund dafür, warum sie in den meisten Suchtselbsthilfegruppen kaum oder gar nicht in Erscheinung treten.

Frauen der zweiten Gruppe, die zu einem überwiegenden Teil aus der unteren oder mittleren Gesellschaftsschicht stammen, setzen Alkohol besonders bei negativen Gefühlslagen ein, die stark mit ihrer sozialen Position in Partnerschaft, Familie und Beruf korrespondieren. Aufgrund der komplexen Belastungen, mit denen sie in ihrem Lebens- und Berufsalltag konfrontiert sehen, sind sie körperlich und seelisch stark beansprucht und insgesamt weniger selbstzufrieden. Sie haben mehr Angst vor Kritik und Fehlschlägen, zeigen ein höheres Maß an psychischer Labilität und leiden oft unter psychosomatischen und körperlichen Beschwerden. Ihr Umgang mit Alkohol hängt daher besonders vom sozialen Klima in ihrem direkten sozialen Umfeld ab, wobei oftmals partnerschaftliche und familiale Probleme eine Rolle spielen. Dazu mangelt es ihnen vielfach an intensiven und authentischen Kontakten, da die Anzahl der vertrauten Personen, mit denen sie sich austauschen, gering ist (vgl. Mann et al. 1996).

Allgemein kann gesagt werden, dass der Wunsch nach Spannungsreduktion bei den meisten betroffenen Frauen im Vordergrund steht. Der exzessive Konsum von Alkohol soll zur Veränderung von Situationen beitragen, die mit negativen Gefühlen besetzt sind. Dazu zählen gedrückte Stimmungen, Sorgen, Einsamkeit, Langeweile und Angst. Aber auch schöne Momente im Leben sollen mithilfe des Alkohols verlängert und vertieft werden.

Mehr als Männer neigen Frauen mit einem Alkoholproblem zur Verheimlichung ihres Trinkens, was die Ergebnisse unserer Befragung unterstreichen. Danach trinken 50 Prozent der befragten Frauen von Anfang an (und nicht erst in der chronischen Phase der Sucht) heimlich, womit sich ihr Trinkverhalten stark von dem der Männer unterscheidet. Dies alles lässt sich aber nicht nur auf mangelndes Selbstvertrauen und ängstliches Verhalten zurückführen, sondern ist auch als Reaktion auf die unterschiedlichen Maßstäbe einer Gesellschaft zu werten, die trinkende Frauen, trotz Gleichberechtigung, immer noch ins Abseits stellt. Dieses Denken ist in unserer Kultur durchaus noch weit verbreitet.

In vielen Suchtselbsthilfegruppen wird das Thema „Frau und Sucht" noch zu wenig angesprochen. Es macht daher Sinn, sich damit intensiver zu befassen, um zu verdeutlichen, worin sich die Abhängigkeit der Frauen von der der Männer unterscheidet. Eine solche Diskussion soll des Weiteren dazu beitragen, Frauen auf ihrem Weg der Abstinenz noch besser und gezielter zu unterstützen.

3.7 Rückfälle weder verharmlosen noch dramatisieren

Früher ging man davon aus, dass Rückfälle Ausdruck einer schlechten therapeutischen Behandlung und des eigenen Versagens sind. Trat ein solcher Rückfall ein, betrachtete man ihn als Katastrophe, so dass alle therapeutischen Bemühungen vergebens waren. Auch wurden Rückfälle als Schritt in die Selbstzerstörung gesehen. Man definierte sie darüber hinaus als Ausdruck von Gleichgültigkeit, fehlendem Abstinenzwillen und Uneinsichtigkeit. Sie waren in dieser Hinsicht eine klare Entscheidung zum Weitertrinken, das mit einem unumstößlichen Verlangen nach Alkohol verbunden war. Aus diesem verengten Betrachtungswinkel endete das erste Glas generell im Kontrollverlust, was aus Sicht der modernen Suchtforschung nicht haltbar ist (Körkel 2010).

Das neue Denken macht transparent, dass durch Rückfälle etwas Verkrustetes aufbricht, was schon lange in den Betroffenen schlummerte. Viele Suchtselbsthilfegruppen sehen das ähnlich und respektieren den Rückfall daher als Entwicklungschance und aktiven Gestaltungsversuch zur Bewältigung eigener Lebensprobleme. Vorrang hat dabei aber immer die Prävention von Rückfällen, wozu die Suchtselbsthilfegruppen konstruktive Beiträge leisten.

Als Widerstand gegenüber nicht verarbeiteten Belastungen und Konflikten werden Rückfälle heute demnach eher positiv bewertet, denn sie haben als Selbstheilungsversuch einen Sinn und zeigen, dass der Weg aus der Sucht Zeit benötigt. Dies wird verständlich, wenn man sich vor Augen hält, wie schwer es ist, sich eingefleischte Verhaltensweisen abzugewöhnen. Es ist nicht einfach, ein über viele Jahre praktiziertes Verhalten innerhalb kurzer Zeit abzustellen. Dennoch zeigen unsere Forschungsergebnisse, dass die Mitgliedschaft in einer Suchtselbsthilfegruppe ein wertvoller Beitrag zur Verhinderung von Rückfällen sein kann, wenn es um die psychosoziale Stabilisation und den Weg in eine zufriedene Abstinenz geht.

Ein Rückfall ist menschlich und muss keine Katastrophe sein! Suchtexperten gehen davon aus, dass er vor allem die Möglichkeit der Neuorientierung birgt, also „der neuerlichen Suche danach, was ich noch nicht gefunden habe. Eine solch positive Betrachtungsweise wird aber nicht selten durch die starke Betroffenheit der Gruppenmitglieder erschwert" (Hirsmüller 2010: S. 94). Es macht daher Sinn, Rückfälle in der Gruppe weder zu dramatisieren noch zu bagatellisieren.

Leider werden Rückfälle in Gruppen aber auch verschwiegen, gedeckt oder sogar verniedlicht. Wenn Gruppenmitglieder jedoch so auf einen Rückfall reagieren, unterstützen sie das Suchtverhalten der betroffenen Person. Wichtig ist vielmehr, Rückfallrisiken rechtzeitig zu erkennen und darüber offen und tabulos zu sprechen.

Hinter einem Rückfall können schwer erträgliche Gefühle wie Ärger und Verzweiflung stehen, die mit Hilfe des Alkohols betäubt werden sollen. Auch die „Linderung" von Stresszuständen und das Überspielen von Angst und Traurigkeit gehören dazu. Die genannten Beweggründe haben jedoch alle eine Gemeinsamkeit: Es besteht ein Unbehagen an der Lebensrealität mit ihren Einschränkungen und Konflikten. Ein Rückfall deutet vor allem darauf hin, was im Leben des oder der Betroffenen eine Belastung darstellt und noch nicht zufriedenstellend bearbeitet oder gelöst wurde.

Ein Ausrutscher muss dagegen keinen kompletten Rückfall nach sich ziehen, denn es kommt darauf an, wodurch dieser ausgelöst wurde. Daher kann ein solches Verhalten unterschiedliche Gründe haben, wobei oftmals eine hochriskante und akute Situation eine Rolle spielt.

Ein Ausrutscher stellt ein einmaliges Ereignis dar, das kein Bedürfnis nach sich zieht, weiter zur Flasche zu greifen. Auslöser für einen Ausrutscher sind oftmals Situationen, die mit starken negativen oder übermäßig euphorischen Gefühlen einhergehen, so dass leichtsinnig und unreflektiert Alkohol konsumiert wird. Es besteht keine langfristig planerische Absicht zum Trinken, sondern der Ausrutscher geschieht spontan, worin er sich vom Rückfall unterscheidet.

Rückfälle sind dagegen aktive Gestaltungsversuche zur Bewältigung bestimmter Lebensprobleme. Das Verlangen nach einem Suchtmittel ist hierbei zeitweilig so stark, dass der Suchtdruck nicht willentlich oder nicht ausreichend bekämpft werden kann. Es besteht in diesem Zusammenhang ein starker Drang zur Substanzeinnahme.

Vorbote eines Rückfalls kann ein „trockener Rausch" sein, bei dem Verhaltensweisen in Erscheinung treten, die denen der nassen Phase der Sucht ähneln. Dies meint, dass die Betroffenen starke seelische Schwankungen zeigen, die sich über einen längeren Zeitraum hinziehen können. Dazu gehören Zustände wie innere Unruhe und Unzufriedenheit, ein auffälliges Wechselbad der Gefühle zwischen Großspurigkeit und Resignation sowie Unehrlichkeit und Heimlichtuerei (vgl. Schmieder 1988 u. 1992).

Ob es nun sich um einen Ausrutscher oder einen Rückfall handelt, darüber sollte in der Gruppe stets offen und ehrlich und ohne Schuldzuweisungen diskutiert werden, auch wenn dies manchmal schwer fällt. Es macht aber keinen Sinn, das Rückfallgeschehen zu verurteilen, da man so dazu beiträgt, dass die betreffenden Personen seelisch „dicht" machen. Rückfallbetroffene sollten in der Gruppe ausreichend Gelegenheit erhalten, um sich angstfrei öffnen zu können. Soweit die betreffenden Personen blockieren oder sich permanent in Ausreden verstricken, sollte die Gruppe offen erklären, dass sie einen solchen Umgang mit dem Rückfallgeschehen nicht duldet, um nicht in den Part der Co-Abhängigkeit zu geraten. Spürt die Gruppe, dass sie dabei an ihre Grenzen stößt, sollte sie auf Möglichkeiten der professionellen Unterstützung durch ambulante oder stationäre Einrichtungen hinweisen.

Dazu einige Fragen: Welche der Aussagen des neuen Denkens um Rückfälle sind kritisch zu betrachten? Welche sind möglicherweise zu verneinen? Welche stoßen in der Gruppe auf Akzeptanz? Was wird unter einem „Ausrutscher" verstanden? Wie stellt sich für die Gruppe ein Rückfall dar? Welche Hilfestellungen kann sie bieten, wenn ein Gruppenmitglied rückfällig geworden ist? Wo liegen die Stärken, wo die Schwächen der Gruppe?

3.8 Helfen ohne Perfektionsanspruch

Die Voraussetzung für eine wirksame Hilfe ist ein einfühlsames Verständnis für eigene oder fremde Schwächen und Mängel. Die Unvollkommenheit der Helferin oder des Helfers spielt dabei eine zentrale Rolle. Damit wird zum Ausdruck gebracht, dass Helfen nicht nach Perfektionismus verlangt. Wer dennoch auf absolute Perfektion setzt, kann dies oftmals nur durch die Verleugnung der Wirklichkeit aufrechterhalten, was dazu führt, dass man beim Handeln schnell die Orientierung verliert. Auf diese Weise können Enttäuschungen in Erscheinung treten, die nicht mehr richtig verarbeitet werden. Auch sind Fehler, die mit einem solchen Perfektionsanspruch einhergehen, nur schwer behebbar.

Wer einen übermäßigen Perfektionsanspruch hegt, läuft zudem Gefahr, ein sogenanntes „Helfersyndrom" zu entwickeln. Damit wird es schwierig, eigene Gefühle und Bedürfnisse zu äußern, die sich hinter dem überzogenen Anspruch des Helfens verbergen. Hilflose Helfer/innen entwickeln eine allmächtige und unangreifbare Fassade und vernachlässigen sich selbst, denn sie haben ständig das Gefühl, ihr eigenes Wohlergehen für andere opfern zu müssen. Sie sehen das Leben als eine Reihe von Wahlmöglichkeiten zwischen ihren eigenen Bedürfnissen und denen der anderen. Auch glauben sie, es gäbe nur eine begrenzte Menge an Fürsorge, Pflege und Liebe: und zwar nur so viel, dass es immer nur für die anderen reicht, wobei für sie selbst nichts übrigbleibt.

Ein Helfersyndrom drückt sich darin aus, dass Schwäche und Hilflosigkeit, offenes Eingestehen emotionaler Probleme bei anderen begrüßt und unterstützt werden, während man seine eigenen Probleme hinter der Fassade des Helfens verbirgt, da man darauf zur Stabilisierung seines Selbstwertgefühls förmlich angewiesen ist. Hilflose Helfer/innen stabilisieren ihr Selbstwertgefühl jedoch nur vorrübergehend, indem sie andere Menschen von sich abhängig machen. Fühlen sie sich in ihrem übermäßigen Perfektionsanspruch überlastet und mangelt es ihnen an sozialer Anerkennung, reagieren sie meist so, dass sie noch mehr helfen wollen.

Sie sind weiterhin in dem Glauben gefangen, es sei „egoistisch", sich nur um seinen eigenen Schmerz zu kümmern. Auf diese Weise werden sie immer mehr dazu ermutigt, anderen zu „helfen", aber eben nicht sich selbst.

Die Arbeit der Suchtselbsthilfegruppen wird stark von Prozessen der Selbst- und Fremdhilfe bestimmt. Daher können die folgenden Fragen zu diesem Thema die Gruppendiskussion beleben: Wo stoßen wir bei der Fremdhilfe an unsere Grenzen? Woran lässt sich ein Helfersyndrom erkennen? Wie lässt es sich vor allem vermeiden? Welche Gefahren stehen mit einem übermäßigen Perfektionsanspruch in Verbindung? Wie sollte Fremdhilfe gestaltet sein, damit sie keine Abhängigkeiten erzeugt? Wo sollte Fremdhilfe enden, wo fängt Hilfe zur Selbsthilfe an?

3.9 Selbsthilfe und Eigenverantwortung

Es wurde bereits erwähnt, dass Selbsthilfegruppen einem stetigen Wandlungsprozess unterliegen. Daher erscheint es wichtig, dass diejenigen, die das Gruppenleben mitgestalten, gelegentlich innehalten und ihr eigenes Tun reflektieren, um sich zu fragen, wo die Selbsthilfe heute steht.

Selbsthilfe war in der Vergangenheit das Synonym für eine gesellschaftliche Bewegung, bei der die Themen „Selbstbestimmung" und „Autonomie" im Mittelpunkt standen (Kickbusch/Trojan 1987). Die Selbsthilfebewegung war ein eigenständiger Teil der Alternativbewegung im Gesundheitsbereich, die mit Projekten und neuen Organisationen andere Formen von Arbeit und Leben schaffen wollte (vgl. Kastenbutt/Westen 2004). Die Kraft dieser Bewegung lag in der Kombination des individuellen Handels mit dem Willen zu gesellschaftlicher Veränderung, wovon wir heute weit entfernt sind (vgl. Haller/Gräser 2012).

Selbsthilfe und Eigenverantwortung haben in den letzten drei Jahrzehnten eine neue Bedeutung gewonnen, da die Forderung nach Übernahme von Verantwortung für sich selbst eine immer bedeutendere Rolle spielt. Bei der Thematisierung von Eigenverantwortung geht es darum, dem einzelnen Menschen Aufgaben, Zuständigkeiten und Verantwortlichkeiten zu übertragen, die in der Vergangenheit von gesellschaftlichen Institutionen übernommen oder zumindest mitgetragen wurden (soziale Absicherung, Vorsorge, Entscheidungsverantwortung als Stichworte).

Da die Eigenverantwortung immer mehr ins Zentrum des Selbsthilfegeschehens gerückt ist, werden Gemeinschaft, Staat und Wohlfahrtsorganisationen zunehmend aus der Verantwortung genommen, die bis dahin für einen Ausgleich sozialer Unterschiede sorgen konnten. Eigenverantwortung steht zwar für Autonomie, beinhaltet aber auch die Tatsache, dass Einzelne die Gemeinschaft zunehmend weniger für die Lösung ihrer Belange in die Pflicht nehmen können. Es wird daher empfohlen in der Gruppenarbeit über die Bedeutung des Begriffs „Eigenverantwortung" im Kontext der Begriffe „Selbsthilfe" und „Fremdhilfe" ausführlich zu diskutieren.

3.10 Abstinenz: der Weg ist das Ziel

Eine wesentliche Voraussetzung für den Weg in die Abstinenz ist der innere Wille, auf das Suchtmittel zu verzichten. Eine solche Entscheidung können Betroffene aber nur für sich selbst treffen, um zu ihrer Abhängigkeit zu stehen und Verantwortung für ihr Leben zu übernehmen.

Sie haben im Laufe ihrer Suchtkarriere irgendwann die Grenze des „normalen" Trinkens überschritten, und zwar zu dem Zeitpunkt, wo sie nur noch unter Zwang im Sinne der Unlustvermeidung getrunken haben. Wird der Alkoholkonsum aber nur reduziert, kann nicht von Abstinenz gesprochen werden. Nach herrschender Meinung muss eine unbedingte Abstinenz angestrebt werden, weil Alkoholiker/innen nicht mehr dazu imstande sind, das Suchtmittel gemäßigt und in kontrollierter Weise zu konsumieren.

Als Krankheit wird die Sucht zwar zum Stillstand gebracht, sie kann aber niemals völlig geheilt werden. Aus diesem Grunde stehen die meisten Suchtselbsthilfegruppen dem kontrollierten Trinken skeptisch gegenüber. Trockene Alkoholiker/innen sollten daher Alkohol in jeder Form meiden. Auch auf alkoholfreies Bier sollte verzichtet werden. Zwar ist der darin enthaltene Alkohol in den meisten Fällen nicht für den Rückfall verantwortlich, dennoch können der Geschmack und das Aussehen solcher Getränke dazu verleiten, wieder Alkohol zu trinken.

Besonders zu Beginn der Abstinenz, in der das Eis, über das man geht, noch dünn ist, ist die Gefahr eines Rückfalls besonders hoch. Auch wenn die erste Zeit nach der nassen Phase der Sucht kein Zuckerschlecken ist, so locken in nicht allzu weiter Ferne die ersten positiven Effekte des abstinenten Lebens, zu denen eine bessere seelische und körperliche Zufriedenheit gehören.

Egal aber, wie lange man trocken ist, der abstinente Weg verlangt eine gewisse Wachsamkeit gegenüber den Unwegsamkeiten des Lebens. Wer sich offen und ehrlich auf diesen Weg macht, kann viele seiner Lebensängste mit Unterstützung der Selbsthilfegruppe überwinden. So nehmen die meisten Betroffenen die

Freiheit vom Suchtmittel schon nach geraumer Zeit der Abstinenz als innere Befreiung wahr.

Wenn von Abstinenz die Rede ist, so bedeutet dies primär den Verzicht auf das Suchtmittel. Man kann aber noch einen Schritt weitergehen und sagen, dass Abstinenz auch als Weg der persönlichen Emanzipation betrachtet werden kann, bei dem es um die Befreiung aus inneren Zwängen und Abhängigkeiten geht. Sich nach und nach aus den Fallstricken der Sucht zu lösen, erscheint wichtig, um mehr Selbstständigkeit und Eigenverantwortung zu erlangen, auch wenn dies unter den gegebenen gesellschaftlichen Verhältnissen nicht immer leicht ist. In diesem Sinne ist eine aktive Lebensgestaltung ein wichtiger Schlüssel zu einer zufriedenen Abstinenz.

Eine zufriedene Abstinenz ist aber kein Endpunkt, sondern der Weg dahin ist das Ziel. Und dieser Weg ist in seinen verschiedenen Abschnitten und Schattierungen immer wieder anders gestaltet, mal steil ansteigend und anstrengend, mal gerade und unbeschwerlich. Abstinenz ist etwas Lebendiges, etwas sehr Persönliches, das jeder für sich individuell entwickeln muss und kann. Dabei gibt es weder ein Gut noch ein Schlecht, weder ein Feige noch ein Mutig. Wichtig ist allein die persönliche Zufriedenheit mit seiner Abstinenz. Der Weg dahin und wie er beschritten wird, liegt dabei in den Händen der Betroffen, eine Freiheit, die ihnen das abstinente Leben zurückgibt, immer wieder aufs Neue.

Da es unterschiedliche Wege der Abstinenz gibt, wird empfohlen, sich in den Gruppen über dieses Thema umfassend auszutauschen. Dabei könnte diskutiert werden, worin sich die abstinenten Wege betroffener Männer und Frauen oder die der unterschiedlichen Altersgruppen unterscheiden. Interessant wäre es bestimmt auch, wenn die mitbetroffenen Gruppenmitglieder schildern, auf welche Erfahrungen und Erkenntnisse sie zurückblicken, wenn es um das abstinente Leben im Spiegel von Ehe, Partnerschaft und Familie geht.

3.11 Flüchten oder standhalten?

Die Hintergründe des Suchtverhaltens haben sich in den letzten Jahren stark verändert. Vordergründig könnte man meinen, es hätte sich nicht viel getan, doch sieht das Leben der heutigen Menschen völlig anders als noch vor einigen Jahrzehnten aus, in denen der Alltag noch in ruhigeren Bahnen verlief.

So leben wir heute in unruhigen Zeiten und sehen uns im Gegensatz zu früher ständig mit einer Fülle von Umweltreizen konfrontiert, die wir kaum noch innerlich verarbeiten können. Unsere moderne Lebensweise, insbesondere die allgegenwärtige Nutzung des Internets, des Handys und anderer Medien, bringt kontinuierlich eine chronische Reizüberflutung mit sich, was sich in Form von Stress und psychosomatischen Störungen äußeren kann.

Da immer wenig Zeit zur Problemverarbeitung bleibt, häufen sich die Lasten, die Menschen täglich mit sich herumschleppen. Dabei gibt es viele Gründe, um vor der Realität eines hektischen Alltags zu fliehen.

Es verwundert daher nicht, dass es immer weniger Menschen schaffen, ihre Probleme erfolgreich zu lösen. Wir sind inzwischen zu einer Gesellschaft geworden, in der das Flüchten vor Problemen zu einem Hauptmechanismus geworden ist. Ein solches Fluchtverhalten wird jedoch risikoreich, wenn bestehende Belastungen und Probleme noch mit Hilfe von Alkohol, Medikamenten oder Drogen verdrängt werden sollen.

Ein auf Zufriedenheit basierende Abstinenz sollte daher dem Weg folgen, sich von einer passiven Konfliktbewältigung zu lösen, um bestehende Belastungen und Probleme aktiv anzugehen. Dies setzt einen Lebensstil voraus, der dazu beiträgt „dass der Betroffene nicht weiter ausschließlich in der Faszination der Droge befangen bleibt (…)" (Schmieder 1988: S. 55).

Der kontinuierliche Besuch eine Selbsthilfegruppe und der damit verbundene Erwerb sozialer Bewältigungskompetenzen sind daher der beste Weg, um Alltagsbelastungen mit mehr Gelassenheit und Zielgerichtetheit zu begegnen. Oft ist es die Angst, die Betroffene daran hindert, sich auf einen solchen Weg zu begeben. Daher macht es Sinn, in der Gruppe über solche Ängste im Spiegel der Gestaltung des abstinenten Lebenswegs zu sprechen (vgl. Kastenbutt 2016).

3.12 Die eigenen Bedürfnisse stärker einbringen

Die Suchtselbsthilfe gilt in der der Suchtkrankenhilfe als eine wichtige Säule. So kann z. B. durch eine Gruppenteilnahme das Ergebnis einer ambulanten oder stationären Therapie langfristig gesichert und gefestigt werden.

Auch können eigene Kräfte mobilisiert und Fähigkeiten und Ressourcen für Entwicklungsprozesse besser genutzt werden. In diesem Sinne lassen sich die Folgen der Abhängigkeit reduzieren und die (Re-)Integration in die Gesellschaft beschleunigen und vertiefen. Suchtselbsthilfe unterstützt wirksam die berufliche und private Wiedereingliederung und hilft zu befähigen, den Alltag mit seinen verschiedenen Ansprüchen selbstbestimmt zu gestalten. Dies setzt ein offenes, konstruktives und solidarisches Miteinander voraus, damit die einzelnen Gruppenmitglieder durch den Prozess der Hilfe zur Selbsthilfe notwendige soziale Ressourcen gewinnen können, zu denen auch die Fähigkeit zur Konfliktbearbeitung gehört.

Wie aber sieht es mit den persönlichen Bedürfnissen der Gruppenmitglieder aus? Werden sie regelmäßig in den Gruppenprozess eingebracht, wenn auch nicht im Rahmen jeder Gruppenstunde? Welche Hilfe und Unterstützung erwarten sie von ihrer Gruppe? Welche Rolle spielen ihre persönlichen Interessen, wenn es um die Gestaltung der Gruppenarbeit geht? Fühlen sie sich aktiv in die Arbeit der Gruppe eingebunden? Was nehmen sie aus der Gruppenarbeit in ihren Alltag mit, egal wie lange sie abstinent leben? Was unterscheidet den Gruppenbesuch von anderen Situationen im Alltag? Welche Rolle spielen dabei vor allem Wertschätzung und Respekt gegenüber anderen Gruppenmitgliedern? Was könnten die Gruppenmitglieder Menschen berichten, die sich für die Arbeit der Suchtselbsthilfe interessieren? Fragen über Fragen, die sich anbieten, um darüber im Rahmen einer Gruppenstunde oder eines Seminar zu diskutieren.

Leider konnten in unseren Handlungsempfehlungen nicht alle Fragen behandelt werden, die vielen Suchtselbsthilfegruppen unter den Nägeln brennen. Wir hoffen aber dennoch, dass das eine oder andere Thema, das angesprochen wurde, zu einer fruchtbaren Diskussion in der Gruppen- und Seminararbeit anregt.

4. Durchführung der Befragung

Da es sich bei der vorliegenden Befragung um ein durchaus sensibles Vorhaben handelt, verboten sich telefonische oder Onlinebefragungen. Angemessen erschien uns die Durchführung in Form einer schriftlichen Befragung. Die Fragebogen wurden in den jeweiligen Gruppen bei einem Treffen verteilt, konnten vor Ort ausgefüllt oder auch mit nach Hause genommen werden. Hierbei wurde jeder Teilnehmerin und jedem Teilnehmer das möglichst größte Maß an gewünschter Anonymität gewährt.

Nach der Entwicklung des Fragebogens und einem erfolgten Pretest in einer Suchtselbsthilfegruppe begann Ende März 2016 der Versand der Fragebogen an die Selbsthilfegruppen.
Für die Befragung ausgewählt wurden alle Gruppen der Freundeskreise für Suchtkrankenhilfe im Landesverband Niedersachsen und einige Gruppen des Kreuzbundes im Diözesanverband Osnabrück. Direkt angeschrieben wurden 55 Gruppen der Freundeskreise. Zehn Gruppen des Kreuzbundes erhielten die Fragebogen über einen organisationsinternen Verteiler. Bei den Gruppen der Freundeskreise wurde, sofern eine E-Mail Adresse vorhanden war, vorab abgefragt, wie viele von Sucht direkt betroffene Mitglieder die jeweilige Gruppe besuchen.[1] Damit konnte diesen Gruppen die exakte Anzahl von Fragebogen zugeschickt werden. Die konkrete Anzahl der jeweils versandten Fragebogen variierte von 3 bis 35 Exemplare. Alle anderen Gruppen erhielten jeweils 10 Fragebogen per Post zugesandt.

Die ausgefüllten Fragebogen wurden in den jeweiligen Gruppen gesammelt und anschließend gruppenweise zurückgeschickt. Die ersten Rücksendungen gingen nach wenigen Tagen ein. Die letzten Briefumschläge mit Fragebogen wurden von der Post Ende April 2016 zugestellt. Insgesamt schickten 57 Gruppen beantwortete Fragebogen zurück. Bei ursprünglich angeschriebenen 65 Gruppen entspricht dies einem Prozentsatz von 87,7% antwortender Gruppen.

Für den Versand wurden 770 Fragebogen gedruckt und verschickt. Die Zählung der zurückgesandten Bogen ergab 478 ausgefüllte Fragebogen. Als Rücklaufquote ergibt sich daraus 62,1%.

---

[1] Die von uns durchgeführte Befragung richtet sich ausschließlich an die von Sucht direkt Betroffenen. Die ebenfalls in den Gruppen mitarbeitenden Angehörigen werden von der aktuellen Befragung nicht erfasst. Für die Angehörigen stellen sich gänzlich andere Fragen, die eine eigenständige Befragung erfordern.

Abbildung 6: Durchführung der Befragung

Das überwiegende Gros der Fragebogen wurde komplett beantwortet. Nur wenige Bogen wiesen größere Auslassungen von Fragen auf.

5. Zusammensetzung der Stichprobe

Um die Bedeutung der Ergebnisse der vorliegenden Studie einordnen zu können, ist es wichtig, einige Betrachtungen hinsichtlich der Gesamtheit der Befragten dieser Untersuchung anzustellen.

Die Geschlechterverteilung unter den 478 antwortenden Suchtkranken ergibt sich wie folgt: 31% der von Sucht direkt Betroffenen sind Frauen, 69% sind Männer.

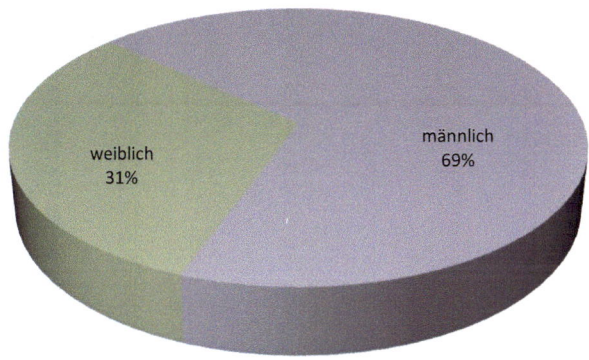

Abbildung 7: Geschlechterverteilung

Diese Zahlen decken sich in etwa mit den Ergebnissen anderer Erhebungen der letzten Jahre, so waren bei einer Befragung der Sächsischen Landesstelle gegen die Suchtgefahren e.V. in den sächsischen Suchtselbsthilfegruppen im Jahr 2015 27% Frauen und 73% Männer unter den Suchtkranken (Sächsische Landesstelle 2015: Seite 4). In Hessen wurden von der Landesstelle für Suchtfragen e.V. im selben Jahr 29% Frauen und 71% Männer in den dortigen Suchtselbsthilfegruppen gezählt (Hessische Landesstelle 2015: Seite 4). In einer bundesweiten Erhebung der Deutschen Hauptstelle für Suchtfragen aus dem Jahr 2010 waren rund 32 % suchtkranke Frauen und 68% suchtkranke Männer in den Gruppen der fünf Selbsthilfe- und Abstinenzverbände organisiert (DHS 2011: Seite 5).

In Bezug auf die Altersverteilung ergibt sich bei unserer Untersuchung das folgende Bild: Junge Erwachsene, d.h. Menschen, die jünger als 35 Jahre sind, machen weniger als 5 % der auf unsere Befragung Antwortenden aus. Über 60 % der Fragebogen wurden von Personen zurückgesandt, die älter als 54 Jahre sind.

Ein exaktes Durchschnittsalter lässt sich aus diesen gruppierten Daten nicht ermitteln. Für eine Abschätzung des mittleren Alters der Befragten ist es aber zulässig, die mittleren Werte der jeweiligen Gruppen für die Berechnung des Durchschnittswerts heranzuziehen. Für die vorliegende Befragung ergibt sich daraus ein ungefährer Mittelwert von 57,1 Jahren[2].

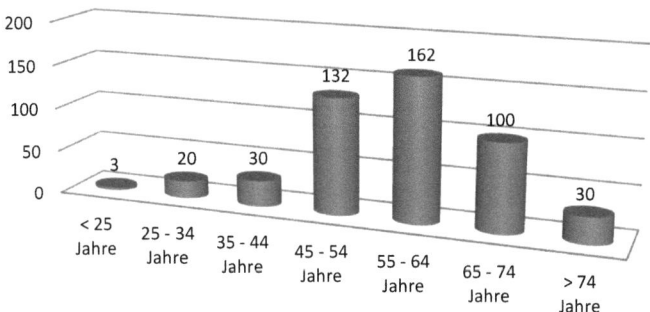

Abbildung 8: Altersverteilung

Die Untersuchung der sächsischen Landesstelle gegen die Suchtgefahren kommt für das Jahr 2015 auf einen vergleichbaren Mittelwert von 55,6 Jahren (Sächsische Landesstelle 2015: Seite 6). Die in Sachsen alle fünf Jahre durchgeführte Erhebung unter den Verbänden der Suchtselbsthilfe zeigt auf, dass sich in den letzten 15 Jahren das Durchschnittsalter alle fünf Jahre um drei Jahre erhöht hat (Sächsische Landesstelle 2015: Seite 7).

Ein weiterer Aspekt in der genaueren Betrachtung der Untersuchungsergebnisse ist die Frage nach dem Schulabschluss der Befragten. Durch einen direkten Vergleich mit den Daten der Allgemeinen Bevölkerungsumfrage der Sozialwissenschaften (ALLBUS) lässt sich die Bedeutung der Ergebnisse einordnen. Die folgende Abbildung stellt die Ergebnisse beider Befragung nebeneinander dar[3]:

---

[2] Anmerkung: Für die untere und obere Randklasse (jünger als 25 Jahre bzw. älter als 74 Jahre) wurden als Ersatzwert 24 bzw. 75 Jahre angenommen.
[3] Zur besseren Vergleichbarkeit der Daten wurden bei beiden Umfragen Kategorien zusammengefasst.

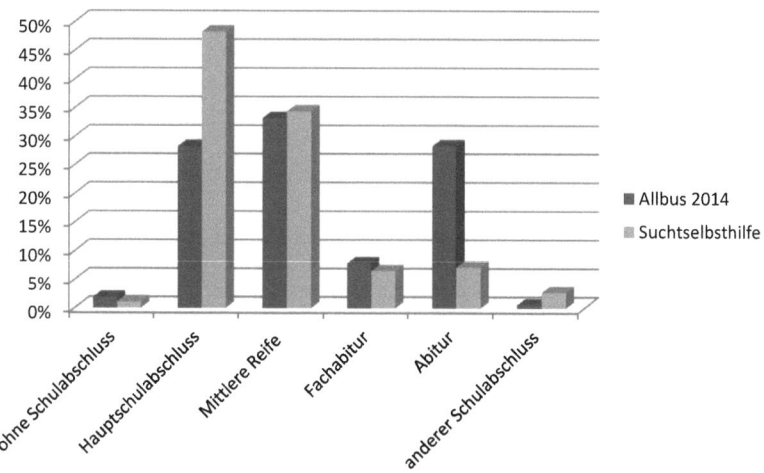

Abbildung 9: Vergleich der Schulabschlüsse

Auffällig sind bei der vorliegenden Untersuchung die starke Präsenz der Befragten mit Hauptschulabschluss und das ebenso deutliche schwache Vorkommen von Betroffenen mit Abitur. Einen Teil dieses Phänomens kann man mit der Altersstruktur der Suchtselbsthilfegruppen erklären. In früheren Jahren machten deutlich weniger Menschen Abitur, d.h. die vorwiegend älteren Mitglieder der Suchtselbsthilfegruppen haben erwartungsgemäß andere Schulabschlüsse. Trotzdem erklärt die Altersstruktur der Befragten die vorliegenden Daten nicht gänzlich. Dies wird deutlich, wenn man sich beim Vergleich mit den Daten aus dem Allbus 2014 auf Befragte beschränkt, die jünger sind als 45 Jahre[4]. Es zeigt sich, dass auch unter den jüngeren von Alkoholsucht Betroffenen jene mit Abitur nicht den Weg in die Suchtselbsthilfegruppen finden. Von den 53 Befragten, die jünger als 45 Jahre waren, kreuzten nur zwei Personen das Abitur als ihren höchsten Schulabschluss an. In Prozenten ausgedrückt sind das nur 3,8 % der Befragten in dieser Altersgruppe. In der Allbus-Befragung aus dem Jahre 2014 machen die Abiturientinnen und Abiturienten einen Anteil von 38,5 % in der Altersgruppe jünger als 45 Jahre aus. Ein signifikanter Unterschied.

---

[4] Die Anzahl derer, die bei der vorliegenden Befragung der Suchtselbsthilfegruppen jünger als 45 Jahre waren, ist mit 53 eher gering. Dennoch ist es möglich, anhand der Daten einen Trend aufzuzeigen, ohne den Anspruch anzumelden, dass dieser über diese Untersuchung hinaus Gültigkeit hat.

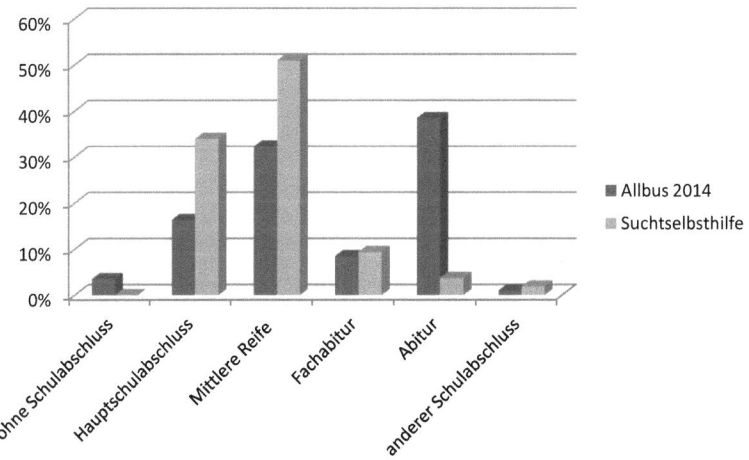

Abbildung 10: Vergleich der Schulabschlüsse der unter 45-Jährigen

Hervorzuheben ist, dass wenn man die Zahl derer sieht, die unter den Befragten keinen Berufsabschluss haben, diese mit 8,5% deutlich unter den vom Statistischen Bundesamt für das Jahr 2011 angenommenen 26,7% (Zensusdatenbank Zensus 2011) der Gesamtbevölkerung liegt. Allerdings muss man hier die altersspezifischen Besonderheiten der Untersuchung in Betracht ziehen, wie die geringe Anzahl jüngerer Personen, die sich noch in der Ausbildung befinden.

Erwartungsgemäß weist die Untersuchung dann auch bezüglich der Berufsabschlüsse Besonderheiten auf. Mit 62,8% überwiegen in den Suchtselbsthilfegruppen die Personen, die als höchsten Berufsabschluss eine Lehre angeben. Das sind mehr als die 46,2% (Zensusdatenbank Zensus 2011) derer, die beim Zensus 2011 eine Lehre als höchsten Abschluss angegeben haben. Allerdings sind die Unterschiede bei den Berufsabschlüssen deutlich weniger ausgeprägt als bei den Schulabschlüssen.

Wie sieht es mit den Abhängigkeiten der von Sucht Betroffenen in der vorliegenden Untersuchung aus?

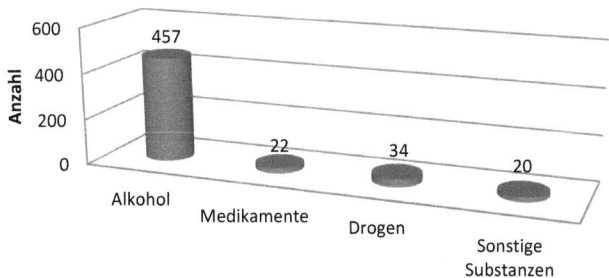

Abbildung 11: Missbrauchte Substanzen

Wie auch in anderen Erhebungen, so stellt die Gruppe der Alkoholabhängigen die absolut größte Gruppe dar. Der Anteil der Mehrfachabhängigen liegt bei rund 8 %[5]. Diese Zahl deckt sich mit den Zahlen aus anderen Untersuchungen. In der hessischen Untersuchung aus dem Jahr 2015 gaben 7% der Befragten an, mehrfachabhängig zu sein (Hessische Landesstelle 2015: Seite 6). In der bundesweiten Erhebung von 2010 waren es 6,1% der Befragten (DHS 2011: Seite 7).

Mehrfachabhängigkeit im Vergleich

Anteil der Befragten in den Selbsthilfegruppe die nach eigenen Angaben mehrfachabhängig sind

6,1%	7%	8%
2010 bundesweit	2015 Hessen	2016 Niedersachsen

Abbildung 12: Mehrfachabhängigkeit im Vergleich

---

[5] 10 Befragte gaben als Suchtmittel Nikotin bzw. Rauchen an. Da aber die Anzahl der abhängigen Raucher sicherlich deutlich höher liegt, wurden diese Befragten nicht als mehrfachabhängig angenommen.

Die aktuelle Erwerbssituation der hier Befragten stellt sich wie folgt dar: 40,8% der Antwortenden gaben an, dass sie Rente oder Pension beziehen. In den sächsischen Suchtselbsthilfegruppen gaben im Jahr 2015 35% der Gruppenmitglieder an in Rente oder pensioniert zu sein (Sächsische Landesstelle 2015: Seite 10).

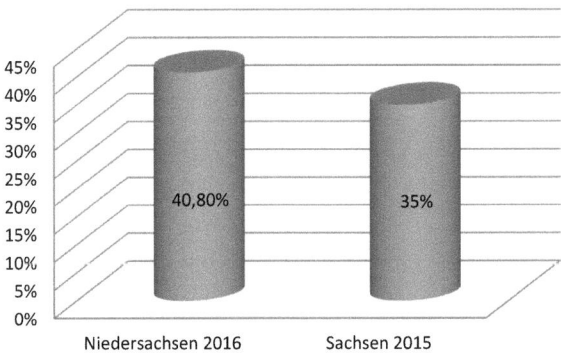

Abbildung 13: Anteil an Renten- oder Pensionsbezieher

Eine große Diskrepanz eröffnet sich bei der Betrachtung der Arbeitslosenquote unter den Suchtkranken in Suchtselbsthilfegruppen. In der sächsischen Befragung von 2015 gaben 23% der Suchtkranken an, arbeitslos zu sein (Sächsische Landesstelle 2015: Seite 10). In der vorliegenden Befragung antworteten die Mitglieder von Freundeskreisen und Kreuzbund dahingehend, dass nur 9,7% der Befragten von Arbeitslosigkeit betroffen waren. Anmerken muss man hier allerdings, dass in der sächsischen Befragung keine Personen aufgeführt sind, die als derzeitigen Erwerbsstatus die Arbeitsunfähigkeit angeben. In der vorliegenden Studie sind dies immerhin 8,6 % der Befragten. Ein direkter Vergleich der Zahlen zur Arbeitslosigkeit scheint deshalb nicht möglich. Addiert man die Zahlen zur Arbeitslosigkeit und Arbeitsunfähigkeit der vorliegenden Studie zusammen, so erhält man einen Wert von 18,3%, der immer noch deutlich unter dem Wert von 23% Arbeitslosen in der sächsischen Untersuchung liegt.

In den sächsischen Suchtselbsthilfegruppen gaben 37% der Befragten an, in einer abhängigen Beschäftigung zu sein, zudem waren 4% beruflich selbstständig tätig (Sächsische Landesstelle 2015: Seite 10). Zusammen ergibt das 41% berufstätige Personen. In den niedersächsischen Gruppen der Freundeskreise und den ausgewählten Gruppen des Kreuzbundes in der Diözese Osnabrück geben 47,3% der Befragten an, berufstätig zu sein.

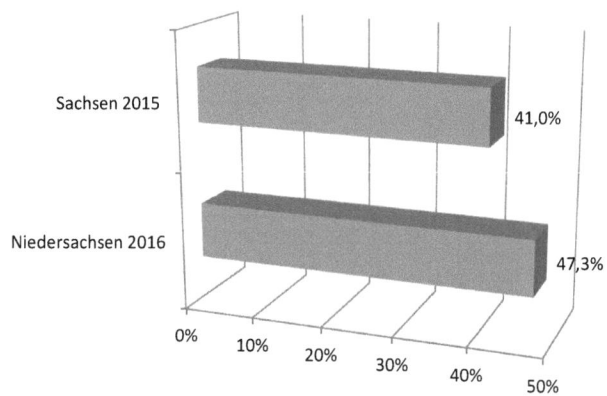

Abbildung 14: Anteil der Berufstätigen

Abschließend lässt sich festhalten, dass die in der vorliegenden Untersuchung gewonnenen Daten viele Aspekte aufweisen, die man in vergleichbaren Erhebungen der vergangenen Jahre in der Tendenz wiederfinden kann. Bei künftigen Befragungen wäre es sicher wünschenswert, die Frage nach den vorherrschenden Bildungsbiographien in den Suchtselbsthilfegruppen auch in anderen Regionen Deutschlands näher zu beleuchten. Unter anderem mit Hilfe der so gewonnenen Erkenntnisse ließen sich sicherlich neue Potentiale für die Suchtselbsthilfe erschließen.

Literaturverzeichnis

Alberti, B (2010): Seelische Trümmer: Geboren in den 50er- und 60er-Jahren: Die Nachkriegsgeneration im Schatten des Kriegstraumas. München.
Bilstein, E./ Voigt, A. (1991): Ich lebe viel. Materialien zur Suchtprävention. Mühlheim.
Deutsche Hauptstelle für Suchtfragen (DHS) (2001): Informationen zur Suchtkrankenhilfe 2/2001. Selbsthilfe Sucht. Möglichkeiten – Grenzen – Perspektiven. Hamm.
Deutsche Hauptstelle für Suchtfragen (DHS) (2011): Erhebung der fünf Selbsthilfe Abstinenzverbände. Hamm.
Deutsche Hauptstelle für Suchtfragen (DHS) (2013): Drogenabhängigkeit. Suchtmedizinische Reihe, Band 4. Hamm.
Deutsche Hauptstelle für Suchtfragen (DHSD) (2015): Medikamenten-Abhängigkeit. Suchtmedizinische Reihe, Bd. 5. Hamm.
Deutsche Hauptstelle für Suchtfragen (DHS) (2016): Jahrbuch Sucht. Lengerich.
Die Drogenbeauftrage der Bundesregierung (2016): Drogen- und Suchtbericht. Berlin.
DIE ZEIT vom 12.05.2014: Alkoholkonsum. Alle zehn Sekunden stirbt ein Mensch durch Alkohol. Online unter URL: http://www.zeit.de/wissen/gesundheit/2014-05/alkoholkonsum-alkoholsucht-who-bericht.
Dröge, F./Krämer-Badoni, T. (1987): Die Kneipe. Zur Soziologie einer Kulturform. Frankfurt am Main.
Ehrenberg, A. (2015): Das erschöpfte Selbst. Depression und Gesellschaft in der Gegenwart. Frankfurt am Main.
Franke A/ Elsesser K/ Algermissen, G./ Sitzler F. (1998) Gesundheit und Abhängigkeit bei Frauen. Eine salutogenetische Verlaufsstudie. Cloppenburg.
Franke, A. (2005): Alkoholkonsum und Alkoholabhängigkeit bei Frauen. In: Singer, M. V./Teyssen, S. (Hrsg.) (2005): Alkohol und Alkoholfolgekrankheiten. Grundlagen – Diagnostik – Therapie. Heidelberg, S. 457-464.
Feuerlein, W. (2008): Alkoholismus. Warnsignale, Vorbeugung, Therapie. München.
Glaeske, G. (2015): Psychopharmaka im Fokus: Herausforderung für die Versorgung. DGPPN-Pressekonferenz vom 08.09.2015. Im Internet unter URL: https://www.dgppn.de/fileadmin/user_upload/_medien/.../2015-09-08_Glaeske.pdf.
Gross, W. (2016): Was Sie schon immer über Sucht wissen wollten. Berlin und Heidelberg.

Härtel-Petri, R./Haupt, H. (2014): Crystal Meth: Wie eine Droge unser Land überschwemmt. München.

Haller, F./Gräser, H. (2012): Selbsthilfegruppen. Weinheim.

Hendriks, F. J. (2005): Alkoholstoffwechsel. In: Singer, M. V./Thysen, S. (Hrsg.): Alkohol und Alkoholfolgekrankheiten. Grundlagen – Diagnostik – Therapie. Heidelberg, S. 89-98.

Hessische Landesstelle für Suchtfragen e. V.: „Sucht-Selbsthilfe der freien Wohlfahrtspflege in Hessen – Erhebung 2015", *www.hls-online.org /uploads/media/LKSH-Erhebung_2015.pdf*

Hirsmüller, M. (2010): Der Rückfall als Thema in Selbsthilfegruppen. In: Körkel, J. (Hrsg): Rückfall muß keine Katastrophe sein: Ein Leitfaden für Abhängige. Angehörige und Helfer. Wuppertal, S. 79-96.

Jellinek, E. M. (1983): The Disease Concept of Alcoholism. New Haven.

Jurk, C. (2008): Der niedergeschlagene Mensch: Depression. Geschichte und gesellschaftliche Bedeutung einer Diagnose. Münster.

Kastenbutt, B. (1998): Narzissmus und Jugendalkoholismus. Münster, Hamburg und London.

Kastenbutt, B. (2016): Generationen im Dialog. Über Ehrlichkeit und Offenheit zur Konfliktlösung. Fachbereich Gesundheit und Selbsthilfe der Ländlichen Erwachsenenbildung in Niedersachsen e. V. Arbeitsmaterialien zur Bildungsarbeit. Wallenhorst.

Kastenbutt, B. (1989): Arbeitslosigkeit und Sucht. Ökonomische Krise und betriebliche Rationalisierung. In: Deutsche Hauptstelle gegen die Suchtgefahren (DHS) (Hrsg.) : Sucht am Arbeitsplatz. Hamm, S. 469-475.

Kastenbutt, B. (2014): Soziale Exklusion, Vulnerabilität und kompensatorischer Alkoholkonsum. In: Kastenbutt, B./Legnaro, A./Schmieder, A. (Hrsg.): Soziale Ungleichheit und Sucht. Ursachen, Auswirkungen, Zusammenhänge. Berlin, S. 137-159.

Kastenbutt, B./Westen, H. (2004): Geschichtliche und aktuelle Entwicklung der Gesundheitszentren in Deutschland in ihrer Rolle als Beratungsinstitutionen, Selbsthilfekontaktstellen und Akteure kommunaler Gesundheitsförderung. Bundesministerium für Gesundheit und Soziale Sicherung. Bonn.

Kickbusch, I./Trojan, A. (1987): Gemeinsam sind wir stärker. Selbsthilfegruppen und Gesundheit. Frankfurt am Main.

Körkel, J. (2010) (Hrsg.): Rückfall muss keine Katastrophe sein. Ein Leitfaden für Abhängige, Angehörige und Helfer. Wuppertal.

Lesch, O.-M./Walter, H. (2009): Alkohol und Tabak. Medizinische und Soziologische Aspekte von Gebrauch, Missbrauch und Abhängigkeit. Wien und New York.

Mann K, et al. (1996) Langzeitverlauf und Rückfallprophylaxe bei alkoholabhängigen Frauen und Männern. Abschlussbericht zum BMBF-Projekt.

Mann, K. (Hrsg.) (2014): Verhaltenssüchte. Grundlagen, Diagnostik, Therapie, Prävention. Berlin und Heidelberg.

Meyer, G./Bachmann, M. (2011): Spielsucht. Ursachen, Therapie und Prävention von glücksspielbezogenem Suchtverhalten. Berlin und Heidelberg.

Niedersächsisches Ministerium für Soziales, Frauen, Familie und Gesundheit (2008): Suchtprävention in Niedersachsen. Hannover.

Rickling, M./Thornau, K. (2015): Geboren 70 - Das Multimedia Buch: Hol dir das Gefühl zurück! Gudensberg-Gleichen.

Rost, W. D. (2013): Psychoanalytische Konzepte und deren Anwendung in der ambulanten Suchttherapie. Online unter URL: www.bas-muenchen.de/fileadmin/documents/pdf.

Rost, W.-D. (2016): Psychoanalyse des Rausches. In: Kastenbutt, B./Legnaro, A./Schmieder, A. (Hrsg): Rauschdiskurse. Drogenkonsum im kulturgeschichtlichen Wandel. Berlin, S. 95-112.

Sächsische Landesstelle gegen die Suchtgefahren e. V.: „Suchtselbsthilfe im Freistaat Sachsen 2015", Dresden 2015, www.slsev.de/Suchtselbsthilfe2015.pdf

Schmidt, L. (1997): Alkoholkrankheit und Alkoholmißbrauch: Definition – Ursachen – Folgen – Behandlung – Prävention. Stuttgart.

Schmieder, A. (1992): Alkohol & Co: mitgefangen in der Sucht. Sich aus der Verstrickung lösen. Stuttgart.

Schmieder, A. (1988): Die Angst als Vorbote des trockenen Rausches. In: ders. (Hrsg.): Sucht und Gesellschaft. Arbeitsmaterialien der Ländlichen Erwachsenenbildung. Georgsmarienhütte, S. 53-56.

Schneider, R. (2015): Die Suchtfibel: Wie Abhängigkeit entsteht und wie man sich daraus befreit. Informationen für Betroffene, Angehörige und Interessierte. Hohengehren.

Scholz, C. (2014): Generation Z. Wie sie tickt, was sie verändert und warum sie uns alle ansteckt. Weinheim.

Schweer, T./Strasser, H. (1994): Cocas Fluch. Die gesellschaftliche Karriere des Kokains. Opladen.

Stimmer, F./Müller-Teusler, S. (2008): Jugend und Alkohol: Jugendalkoholismus – Ursachen, Auswirkungen, Hilfen, Prävention. Wuppertal.

The Huffington Post (07.07.2014): An diesen Drogen sterben die meisten Mensch. Online im Internet unter URL: http://www.huffingtonpost.de/2014/07/07/drogen-menschen-sterben_n_5562761.html.

Zensusdatenbank Zensus 2011: Zensus 2011 der Statistischen Ämter des Bundes und der Länder: https://ergebnisse.zensus2011.de

Anhang 1:

Grundauswertung
der schriftlichen Befragung

1. Seit wann sind Sie Mitglied in einer Suchtselbsthilfegruppe:

Mitglied seit Jahr

	Häufigkeit	Prozent	Gültige Prozente	Kumulierte Prozente
1977	2	,4	,5	,5
1978	1	,2	,2	,7
1979	2	,4	,5	1,1
1980	3	,6	,7	1,8
1981	1	,2	,2	2,0
1982	1	,2	,2	2,3
1983	1	,2	,2	2,5
1984	4	,8	,9	3,4
1985	10	2,1	2,3	5,7
1986	4	,8	,9	6,6
1987	2	,4	,5	7,0
1988	4	,8	,9	7,9
1989	5	1,0	1,1	9,1
1990	6	1,3	1,4	10,4
1991	7	1,5	1,6	12,0
1992	4	,8	,9	12,9
1993	4	,8	,9	13,8
1994	3	,6	,7	14,5
1995	7	1,5	1,6	16,1
1996	6	1,3	1,4	17,5
1997	7	1,5	1,6	19,0
1998	4	,8	,9	20,0
1999	12	2,5	2,7	22,7
2000	12	2,5	2,7	25,4
2001	17	3,6	3,9	29,3
2002	7	1,5	1,6	30,8
2003	12	2,5	2,7	33,6
2004	10	2,1	2,3	35,8
2005	12	2,5	2,7	38,5
2006	13	2,7	2,9	41,5
2007	12	2,5	2,7	44,2
2008	14	2,9	3,2	47,4
2009	14	2,9	3,2	50,6
2010	19	4,0	4,3	54,9
2011	22	4,6	5,0	59,9
2012	11	2,3	2,5	62,4
2013	35	7,3	7,9	70,3
2014	43	9,0	9,8	80,0
2015	51	10,7	11,6	91,6
2016	37	7,7	8,4	100,0
Fehlend	37	7,7		
Gesamt	478	100,0	100,0	

2. Bitte geben Sie Ihr Geschlecht an:

	Häufigkeit	Prozent	Gültige Prozente	Kumulierte Prozente
weiblich	148	31,0	31,2	31,2
männlich	326	68,2	68,8	100,0
Fehlend	4	,8		
Gesamt	478	100,0	100,0	

Geschlecht

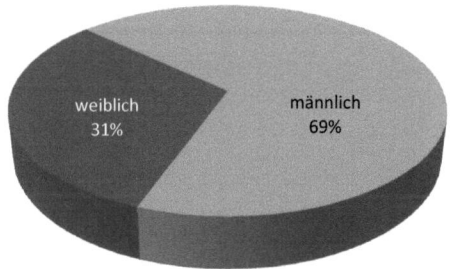

3. Wie alt sind Sie?

	Häufigkeit	Prozent	Gültige Prozente	Kumulierte Prozente
jünger als 25 Jahre	3	,6	,6	,6
25 bis 34 Jahre	20	4,2	4,2	4,8
35 bis 44 Jahre	30	6,3	6,3	11,1
45 bis 54 Jahre	132	27,6	27,7	38,8
55 bis 64 Jahre	162	33,9	34,0	72,7
65 bis 74 Jahre	100	20,9	21,0	93,7
älter als 74 Jahre	30	6,3	6,3	100,0
Fehlend	1	,2		
Gesamt	478	100,0	100,0	

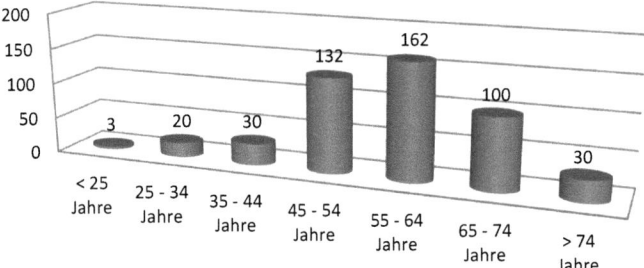

Alter

4. Wie ist Ihr Familienstand?

	Häufigkeit	Prozent	Gültige Prozente	Kumulierte Prozente
ledig	69	14,4	14,5	14,5
verheiratet	252	52,7	53,1	67,6
Lebenspartnerschaft	36	7,5	7,6	75,2
geschieden	73	15,3	15,4	90,5
verwitwet/verwitwert	45	9,4	9,5	100,0
Fehlend	3	,6		
Gesamt	478	100,0	100,0	

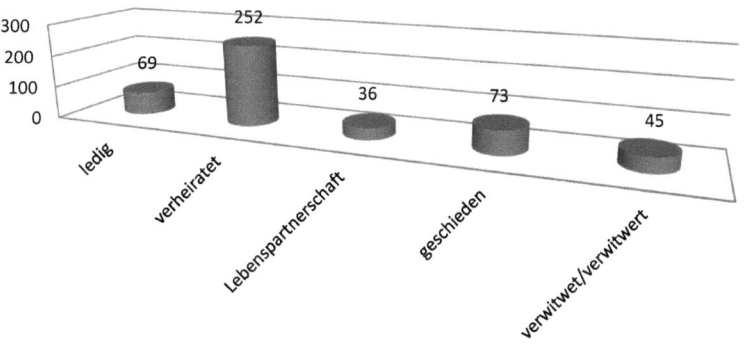

5. Über welchen Schulabschluss verfügen Sie?

	Häufigkeit	Prozent	Gültige Prozente	Kumulierte Prozente
keinen Schulabschluss	5	1,0	1,0	1,0
Förderschulabschluss	4	,8	,8	1,9
Hauptschulabschluss	226	47,3	47,4	49,3
Realschulabschluss	164	34,3	34,4	83,6
Fachabitur	31	6,5	6,5	90,1
Abitur	34	7,1	7,1	97,3
anderen Schulabschluss	13	2,7	2,7	100,0
Fehlend	1	,2		
Gesamt	478	100,0	100,0	

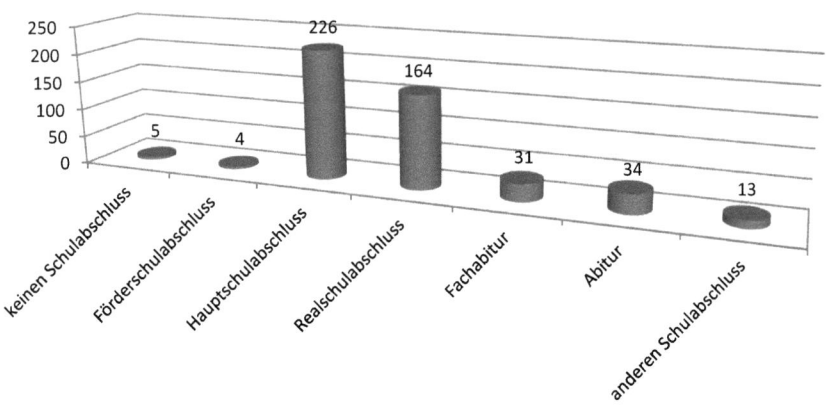

6. Über welchen Berufsabschluss verfügen Sie?

	Häufigkeit	Prozent	Gültige Prozente	Kumulierte Prozente
keinen Berufsabschluss	40	8,4	8,5	8,5
abgeschlossene Lehre	297	62,1	62,8	71,2
Fachschulabschluss	72	15,1	15,2	86,5
Fachhochschulabschluss	21	4,4	4,4	90,9
Hochschulabschluss	18	3,8	3,8	94,7
anderen Berufsausbildungsabschluss	25	5,2	5,3	100,0
Fehlend	5	1,0		
Gesamt	478	100,0	100,0	

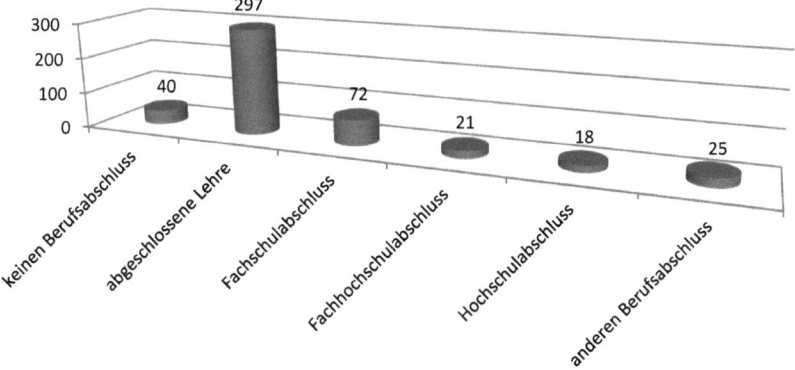

7. Sind Sie zurzeit berufstätig?

	Häufigkeit	Prozent	Gültige Prozente	Kumulierte Prozente
Ja	226	47,3	47,7	47,7
Nein	248	51,9	52,3	100,0
Fehlend	4	,8		
Gesamt	478	100,0	100,0	

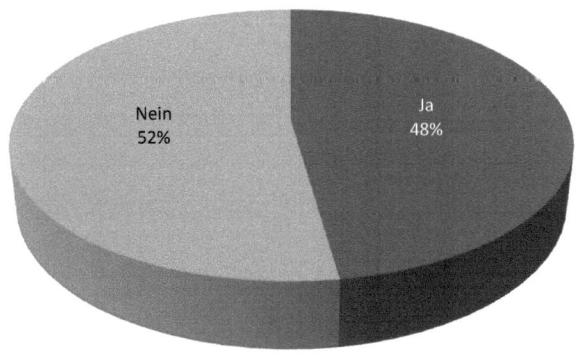

8. Wenn ja, in welchem zeitlichen Umfang arbeiten Sie?

	Häufigkeit	Prozent	Gültige Prozente	Kumulierte Prozente
geringfügig beschäftigt	49	10,3	18,9	18,9
in Teilzeit beschäftigt	35	7,3	13,5	32,4
in Vollzeit beschäftigt	150	31,4	57,9	90,3
sonstige Beschäftigung	25	5,2	9,7	100,0
Fehlend	219	45,8		
Gesamt	478	100,0	100,0	

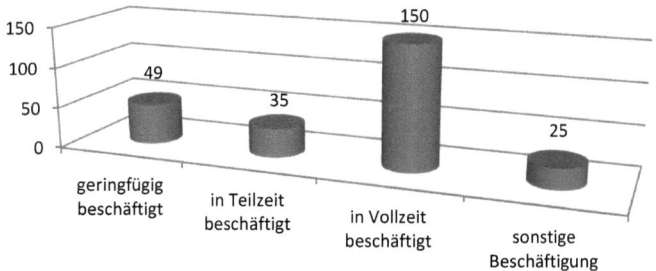

Arbeit: zeitlicher Umfang

9. Wenn Sie Frage 7 mit „Nein" beantwortet haben: Wie ist Ihr derzeitiger Status?

	Häufigkeit	Prozent	Gültige Prozente	Kumulierte Prozente
Rentner/in	195	40,8	72,5	72,5
weniger als 6 Monate arbeitslos	4	,8	1,5	74,0
6 Monate oder länger arbeitslos	22	4,6	8,2	82,2
zurzeit arbeitsunfähig	23	4,8	8,6	90,7
Sonstiges	25	5,2	9,3	100,0
Fehlend	209	43,7		
Gesamt	478	100,0	100,0	

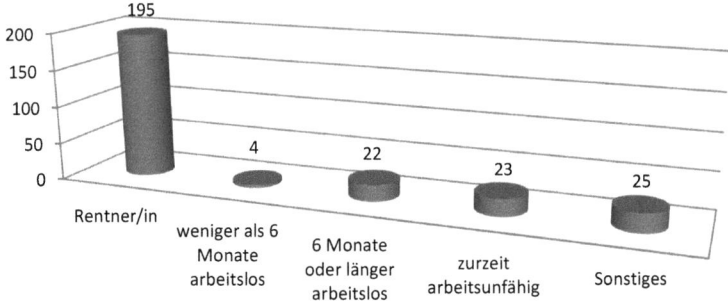

ohne Arbeit: derzeitiger Status

10. Wie zufrieden sind Sie mit Ihrer Erwerbssituation?

	Häufigkeit	Prozent	Gültige Prozente	Kumulierte Prozente
sehr zufrieden	89	18,6	21,0	21,0
zufrieden	192	40,2	45,3	66,3
teils teils	94	19,7	22,2	88,4
unzufrieden	35	7,3	8,3	96,7
sehr unzufrieden	14	2,9	3,3	100,0
Fehlend	54	11,3		
Gesamt	478	100,0	100,0	

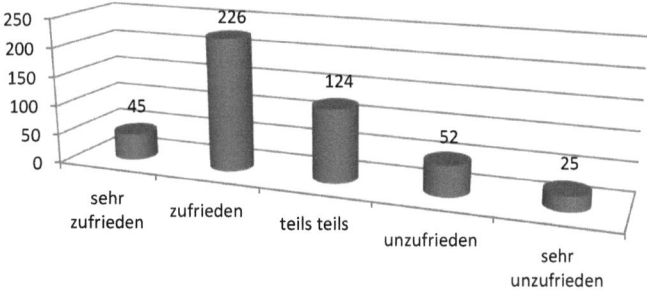

11. Wie zufrieden sind Sie mit Ihrer finanziellen Situation?

	Häufigkeit	Prozent	Gültige Prozente	Kumulierte Prozente
sehr zufrieden	45	9,4	9,5	9,5
zufrieden	226	47,3	47,9	57,4
teils teils	124	25,9	26,3	83,7
unzufrieden	52	10,9	11,0	94,7
sehr unzufrieden	25	5,2	5,3	100,0
Fehlend	6	1,3		
Gesamt	478	100,0	100,0	

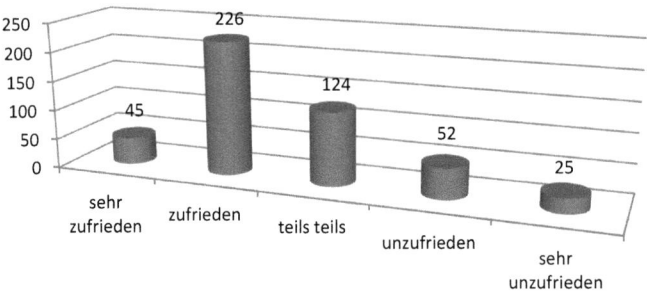

12. Ich habe im Rahmen meiner Sucht folgende Substanzen dauerhaft missbraucht:

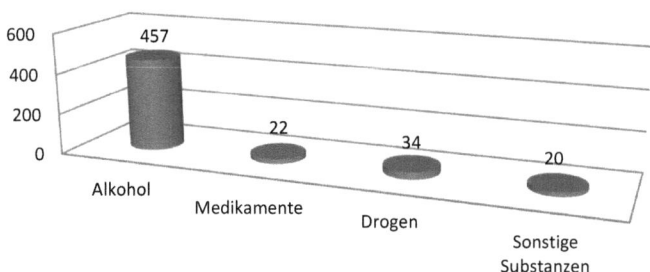

Sonstige Substanzen: Nikotin *(10 mal)*, Amphetamine *(2 mal), jeweils 1 mal:* Speed, Pillen, Extacy, MdMA, Ketamin. GHB (Liquid Extacy), Baldriantropfen, Melissengeist

13. Bestand zusätzlich eine stoffungebundene Sucht (z.B. Spielsucht)?

	Häufigkeit	Prozent	Gültige Prozente	Kumulierte Prozente
Ja	11	2,3	2,4	2,4
Nein	449	93,9	97,6	100,0
Fehlend	18	3,8		
Gesamt	478	100,0	100,0	

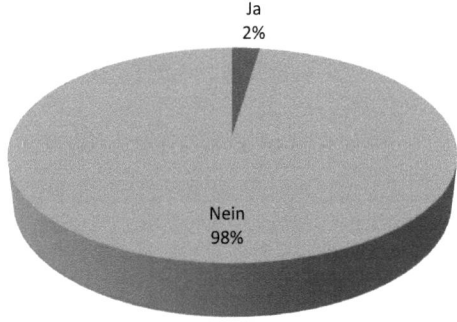

stoffungebundenen Sucht?

Wenn ja, welche? – Spielsucht *(7mal), jeweils 1 mal:* Arbeiten, Sex, Essen, Kleptomanie

14. Wenn es um Ihre Alkoholabhängigkeit geht, welchem Trinkertypus würden Sie sich (*am ehesten*) zuordnen?

	Häufigkeit	Prozent	Gültige Prozente	Kumulierte Prozente
Konflikttrinker/in - Rauschtrinker/in	217	45,4	48,9	48,9
Spiegeltrinker/in	182	38,1	41,0	89,9
Quartalstrinker/in	45	9,4	10,1	100,0
Fehlend	34	7,1		
Gesamt	478	100,0	100,0	

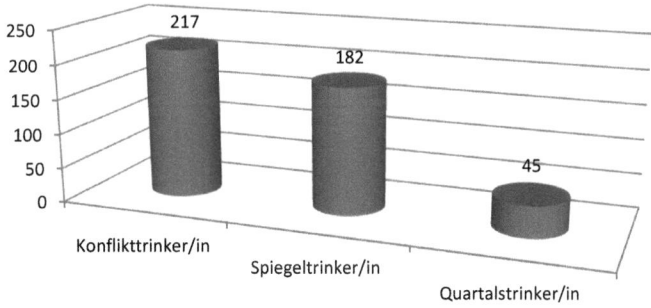

15. Wann haben Sie zum ersten Mal in Ihrem Leben Alkohol getrunken?

	Häufigkeit	Prozent	Gültige Prozente	Kumulierte Prozente
vor dem 14. Lebensjahr	86	18,0	18,2	18,2
im Jugendalter (ca. 14 - 21 Jahre)	320	66,9	67,7	85,8
im frühen Erwachsenenalter (ca. 22 -35 Jahre)	53	11,1	11,2	97,0
im mittleren Erwachsenenalter (ca. 36 - 65 Jahre)	14	2,9	3,0	100,0
Fehlend	5	1,0		
Gesamt	478	100,0	100,0	

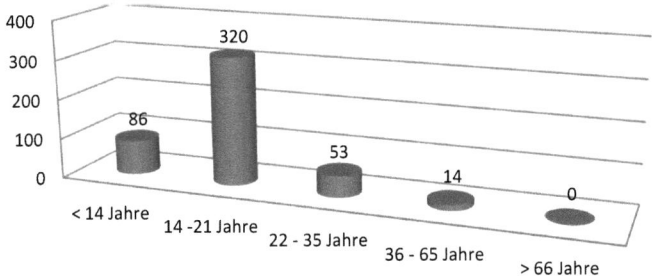

Wann erster Alkohol?

16. In welchem Alter begann das abhängige Trinken?

	Häufigkeit	Prozent	Gültige Prozente	Kumulierte Prozente
im Jugendalter (ca. 14 - 21 Jahre)	41	8,6	8,8	8,8
im frühen Erwachsenenalter (ca. 22 -35 Jahre)	215	45,0	46,2	55,1
im mittleren Erwachsenenalter (ca. 36 - 65 Jahre)	203	42,5	43,7	98,7
im höheren Erwachsenenalter (ab ca. 66 Jahre)	6	1,3	1,3	100,0
Fehlend	13	2,7		
Gesamt	478	100,0	100,0	

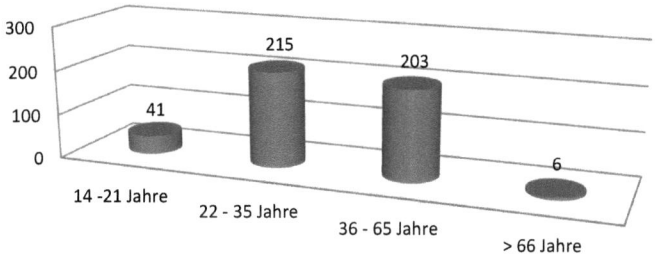

Ab wann abhängiges Trinken?

17. Welche alkoholischen Getränke haben Sie im Rahmen Ihrer Abhängigkeit hauptsächlich konsumiert?

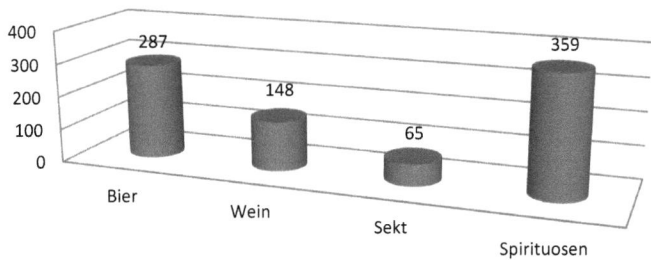

18. Wenn Sie Spirituosen dauerhaft konsumiert haben, was haben Sie hauptsächlich getrunken

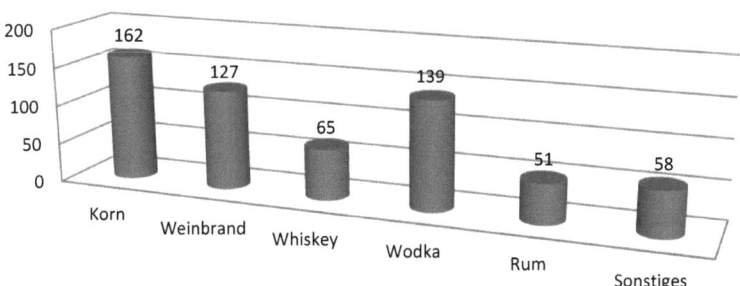

Sonstige Spirituosen: Jägermeister *(14 mal),* Ouzo *(9 mal),* Kräuterlikör *(7 mal),* Magenbitter *(4 mal), 3 mal:* Liköre, Melissengeist, *2 mal:* Cognac, Kümmerling, Wodka-Orange, Kruiden, ohne Angabe *1 mal:* Baldriantropfen, Obstler, Mischgetränke, Wachholder, Fernet-Branca, Cola-Korn, Grappa, Alles

19. An welchen Orten haben Sie im Rahmen Ihrer Abhängigkeit hauptsächlich Alkohol getrunken

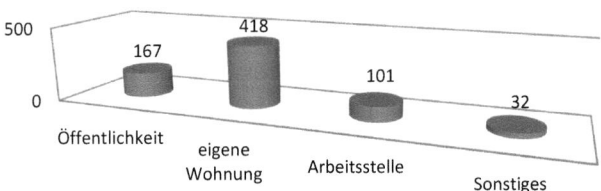

Sonstiges: Feste oder Partys *(6 mal)*, *3 mal:* bei Freunden, nach der Arbeit, *2 mal:* Unterwegs, Keller, überall, *1 mal:* Szene, beim Sport, im Park, Plätze am Wasser, abgelegene Gegenden, im Verborgenen, außerhalb der Wohnung, Hobby, in der Natur, Garage, im Auto, im LKW, beim Grillen

20. Inwieweit haben Sie im Rahmen Ihrer Abhängigkeit heimlich Alkohol getrunken?

	Häufigkeit	Prozent	Gültige Prozente	Kumulierte Prozente
nie	59	12,3	13,3	13,3
hin und wieder	92	19,2	20,8	34,2
in allen Phasen der Sucht	149	31,2	33,7	67,9
vor allem in der letzten Phase der Sucht	131	27,4	29,6	97,5
zu Beginn der Sucht	11	2,3	2,5	100,0
Fehlend	36	7,5		
Gesamt	478	100,0	100,0	

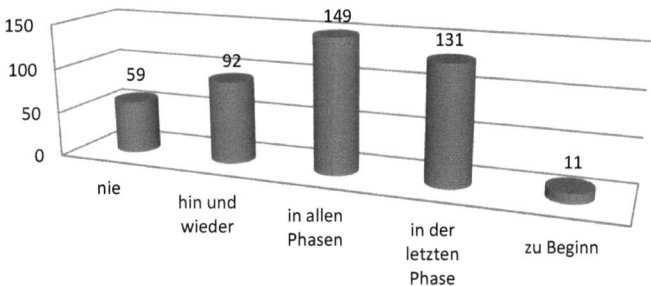

21. Haben Sie im Laufe Ihrer Abhängigkeit Depots (Verstecke) für Alkohol (Flaschen) angelegt?

	Häufigkeit	Prozent	Gültige Prozente	Kumulierte Prozente
Ja	321	67,2	68,9	68,9
Nein	145	30,3	31,1	100,0
Fehlend	12	2,5		
Gesamt	478	100,0	100,0	

Alkoholdepots angelegt?

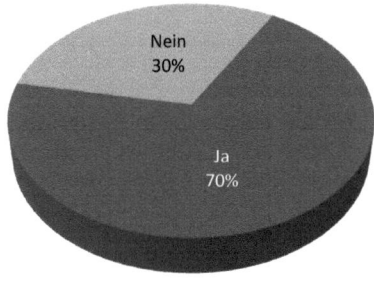

22. Wann haben Sie mit dem Trinken aufgehört (z.B. 1989)?

Wann aufgehört?

	Häufigkeit	Prozent	Gültige Prozente	Kumulierte Prozente
1971	1	,2	,2	,2
1976	1	,2	,2	,4
1977	1	,2	,2	,7
1979	3	,6	,7	1,3
1980	3	,6	,7	2,0
1981	1	,2	,2	2,2
1982	5	1,0	1,1	3,3
1983	2	,4	,4	3,8
1984	4	,8	,9	4,7
1985	8	1,7	1,8	6,4
1986	5	1,0	1,1	7,5
1987	2	,4	,4	8,0
1988	5	1,0	1,1	9,1
1989	6	1,3	1,3	10,4
1990	4	,8	,9	11,3
1991	5	1,0	1,1	12,4
1992	7	1,5	1,6	14,0
1993	6	1,3	1,3	15,3
1994	4	,8	,9	16,2
1995	3	,6	,7	16,9
1996	9	1,9	2,0	18,8
1997	9	1,9	2,0	20,8
1998	3	,6	,7	21,5
1999	13	2,7	2,9	24,4
2000	16	3,3	3,5	27,9
2001	14	2,9	3,1	31,0
2002	8	1,7	1,8	32,8
2003	7	1,5	1,6	34,4
2004	11	2,3	2,4	36,8
2005	14	2,9	3,1	39,9
2006	10	2,1	2,2	42,1
2007	11	2,3	2,4	44,6
2008	11	2,3	2,4	47,0
2009	14	2,9	3,1	50,1
2010	22	4,6	4,9	55,0
2011	27	5,6	6,0	61,0
2012	16	3,3	3,5	64,5
2013	36	7,5	8,0	72,5
2014	46	9,6	10,2	82,7
2015	45	9,4	10,0	92,7
2016	33	6,9	7,3	100,0
Fehlend	27	5,6		
Gesamt	478	100,0	100,0	

23. Leben Sie seit dieser Zeit dauerhaft abstinent?

	Häufigkeit	Prozent	Gültige Prozente	Kumulierte Prozente
Ja	392	82,0	84,8	84,8
Nein	70	14,6	15,2	100,0
Fehlend	16	3,3		
Gesamt	478	100,0	100,0	

Seitdem abstinent?

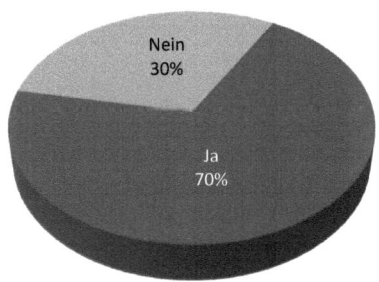

Wenn nein, wie oft rückfällig?

	Häufigkeit	Prozent	Gültige Prozente	Kumulierte Prozente
1	28	5,9	43,8	43,8
2	15	3,1	23,4	67,2
3	8	1,7	12,5	79,7
4	6	1,3	9,4	89,1
5	1	,2	1,6	90,6
6	2	,4	3,1	93,8
7	1	,2	1,6	95,3
8	1	,2	1,6	96,9
15	1	,2	1,6	98,4
98	1	,2	1,6	100,0
Fehlend	414	86,6		
Gesamt	478	100,0	100,0	

24. Gab es im Rahmen Ihrer Abhängigkeit längere Zeiten, in denen Sie keinen Alkohol getrunken haben (z.B. Unterbrechungen von mehreren Tagen oder Wochen)?

	Häufigkeit	Prozent	Gültige Prozente	Kumulierte Prozente
Ja	318	66,5	69,7	69,7
Nein	138	28,9	30,3	100,0
Fehlend	22	4,6		
Gesamt	478	100,0	100,0	

Konsumunterbrechung?

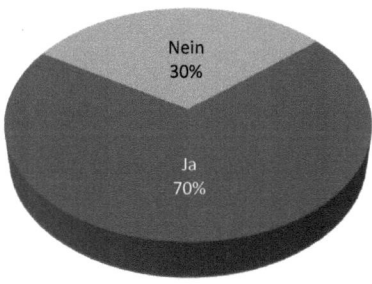

keine anderen Substanzen

	Häufigkeit	Prozent	Gültige Prozente	Kumulierte Prozente
Nein	314	65,7	100,0	100,0
Fehlend	164	34,3		
Gesamt	478	100,0		

andere Substanzen: Cannabis *(7 mal),* Medikamente *(5 mal),* **2 mal:** Alles, Drogen, Kokain, Tabak, **1 mal:** Antidepressiva, Beruhigungstropfen, Alkohol

25. Wie gestaltete sich Ihre soziale Situation zu Beginn Ihrer Suchtkarriere?

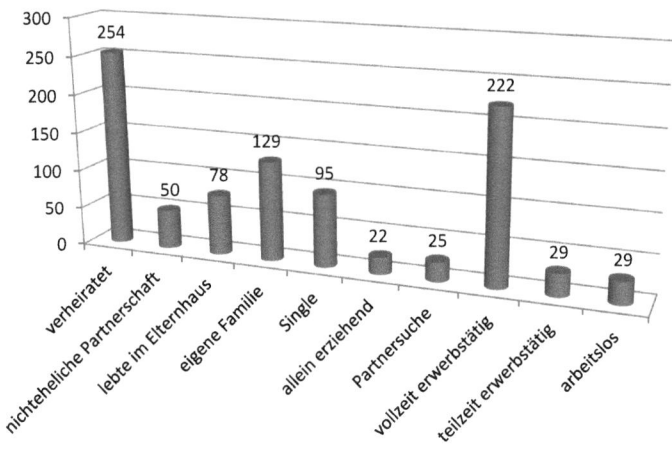

Sonstiges: getrennt lebend *(5 mal)*, *3 mal:* verwitwert/verwitwet, mit Kindern, eigener Betrieb, *2 mal:* Trennung der Eltern, *1 mal:* Spielsucht des Kindsvater, kein stabiles Umfeld, Hausfrau, Scheidung, Rentner, Schüler, Pubertät, Montagearbeit, Unfall, eingeschränkte Mobilität, Depression

26. Welche Ursachen haben bei der Entwicklung Ihrer Alkoholabhängigkeit eine wesentliche Rolle gespielt?

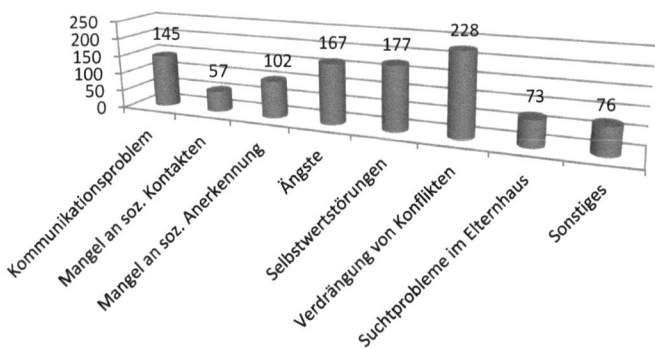

Sonstiges: Arbeitsüberlastung *(10 mal)*, Stress *(7 mal)*, Depression *(6 mal)*, *3 mal:* Trauer, weiß nicht, *2 mal:* Tod eines Elternteils, soz. Umfeld, viele Gelegenheiten zum Trinken, Vergangenheit, Partnerschaftsprobleme, Gewohnheitstrinken, entspannt und locker sein, keine Erklärung, *1 mal:* Tod des Ehemanns, eigene Kindheit, Krankheit des Partners, Totgeburt, in die Sucht reingewachsen, kam schleichend, Langeweile, Wohlbefinden, Singelleben, Gewalt des Ehemanns, Panikattacken, Suchtverlagerung, Hemmungen, essentieller Tremor, Lust am Trinken, Scheidung, Kinderlosigkeit, Vergewaltigung, Tod des Sohnes, ADHS in der Kindheit, Eheprobleme, lange Geschichte, dauernd auswärts, Burnout, keine Erklärung, Überlastung durch Haushalt und Kind, Krankheiten, gerne getrunken, Beruhigungsmittel gegen Stress, Geselligkeit, Alkohol im Elternhaus, finanzielle Probleme

27. Wer hat Ihnen in der nassen Phase der Sucht mitgeteilt, dass Sie ein Alkoholproblem haben?

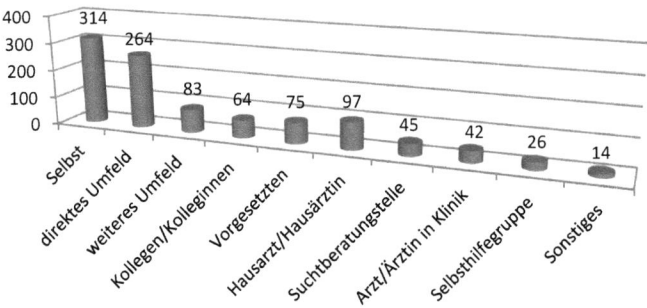

Sonstiges: Verwandtschaft *(8 mal), 1 mal:* Verkehrspsychologe, Polizei, Facharzt, Führerscheinverlust, Kinderärztin, letzter Rest Verstand

28. Wie haben Sie reagiert, als Sie auf Ihr Trinken angesprochen wurden?

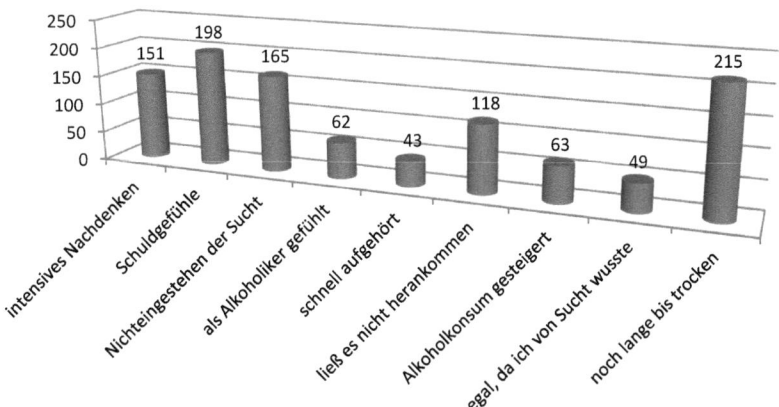

29. Wie sah der weitere Weg aus, nachdem Sie vor dem Alkohol kapituliert haben?

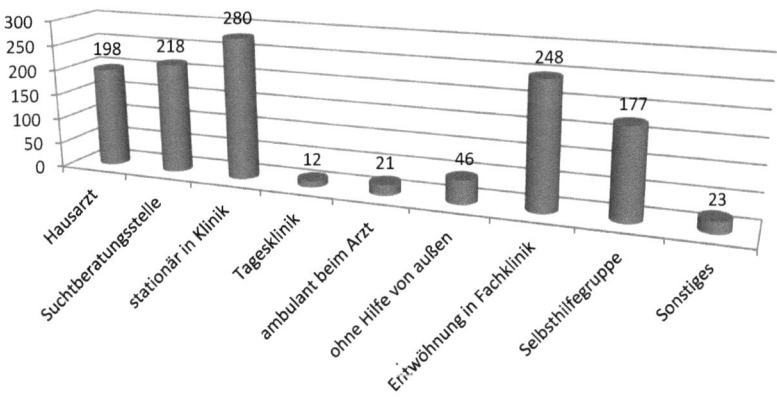

Sonstiges: Wohnheim für Suchtkranke *(2 mal)*, *1 mal:* fast trocken, Klinik-dann ohne Hilfe – später Selbsthilfegruppe, bei einer OP dem Arzt als Alkoholiker geoutet, Verhaltenstherapie, eigener Beschluss aufzuhören, ambulante Therapie, Unterstützung von Freunden, vor der Therapie selbst entzogen, Entgiftung in der Psychiatrie, ambulante Nachsorge, seitdem trocken, nach Suchtklinik zweimal gleich wieder angefangen, wohnte in Wohngemeinschaft, ich war das Trinken leid, in der Forensik entzogen, Einzeltherapie, vom Arzt Spritze bekommen, psychische Erkrankung als Grund für Alkoholismus, betreutes Wohnen, ambulant im Krankenhaus, Infoveranstaltung der Freundeskreise

30. Welchen Stellenwert schreiben Sie der Bildungsarbeit in Suchtselbsthilfegruppen zu, wenn es um Ihr abstinentes Leben geht?

	Häufigkeit	Prozent	Gültige Prozente	Kumulierte Prozente
sehr großen Stellenwert	219	45,8	47,2	47,2
großen Stellenwert	199	41,6	42,9	90,1
bin mir nicht sicher	41	8,6	8,8	98,9
geringen Stellenwert	5	1,0	1,1	100,0
Fehlend	14	2,9		
Gesamt	478	100,0	100,0	

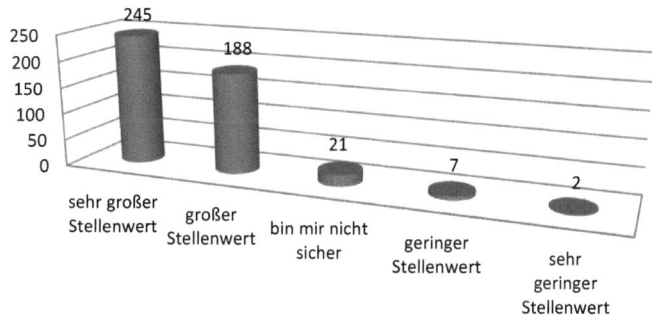

31. Welchen Stellenwert schreiben Sie Ihrer Selbsthilfegruppe zu, wenn es um Ihr abstinentes Leben geht?

	Häufigkeit	Prozent	Gültige Prozente	Kumulierte Prozente
sehr großen Stellenwert	245	51,3	52,9	52,9
großen Stellenwert	188	39,3	40,6	93,5
bin mir nicht sicher	21	4,4	4,5	98,1
geringen Stellenwert	7	1,5	1,5	99,6
sehr geringen Stellenwert	2	,4	,4	100,0
Fehlend	15	3,1		
Gesamt	478	100,0		

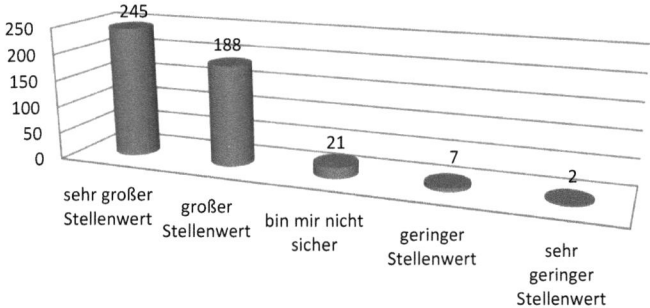

Stellenwert: Selbsthilfegruppe

32. Was hat sich durch die Teilnahme an einer Selbsthilfegruppe in Ihrem Leben verbessert?

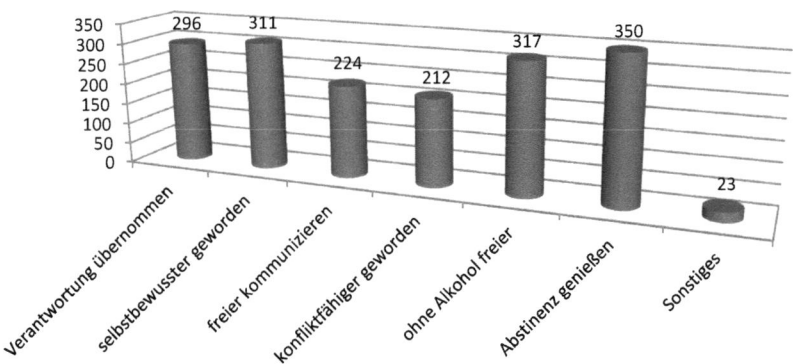

Sonstiges: ***2 mal:*** „Wir-Gefühl" in der Gruppe, Verbesserung nicht primär durch die Gruppe, ***1 mal:*** Ich kann mich als Alkoholiker sehen, Austausch mit Anderen, nach Rückfall wieder aufstehen, Freunde gefunden, alles, ich kann durchschlafen, ich treibe Sport, gesünder, nicht allein mit dem Problem, ich lerne zu kommunizieren, aus der Isolation gekommen, jede Woche wichtig, ich bin zufrieden, ich fühle mich gut, ich kann anderen helfen, durch Gespräche anderen helfen, erst kurz in der Selbsthilfegruppen, Frust besser abbauen, gelassener geworden, mehr Geld im Portemonnaie

33. Wie hat sich die Gruppenteilnahme auf Ihren sozialen Alltag ausgewirkt?

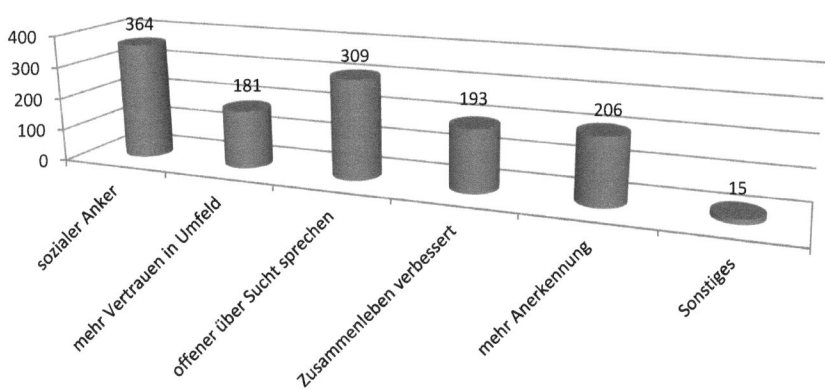

Sonstiges: Hilfe bei Abstinenz *(3 mal)*, Ausbildung zum Suchtkrankenhelfer *(2 mal), 1 mal:* gut sich auszutauschen, Gruppe tut mir gut, versuche zu helfen, keine Änderung, mehr soziale Kontakte, ohne Gruppe fehlt etwas, keine soziale Anerkennung im sozialen Umfeld – weil trocken, bei Suchtdruck hat man Ansprechpartner, Partnerin geht mit in die Gruppe, soziales Umfeld besteht aus Selbsthilfegruppe plus Arbeit

34. Welchen Einfluss hat die Gruppenteilnahme auf Ihr Wohlbefinden?

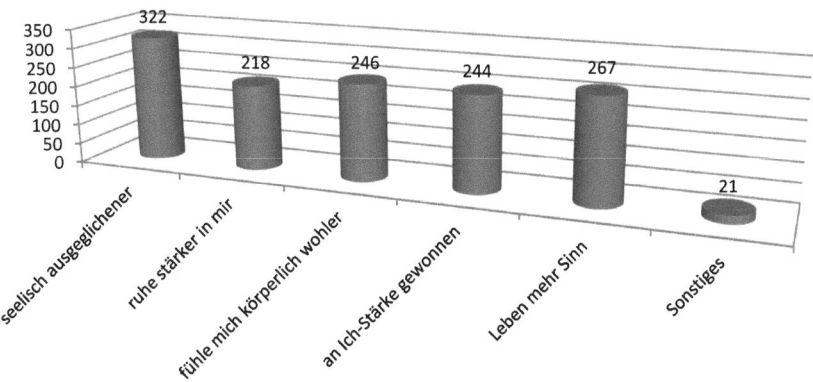

Sonstiges: **2mal:** fühle mich freier, fühle mich gut, **1 mal:** auf sich aufpassen, Alkoholkrankheit ist ein lebenslanger Prozess, fühle mich wohl wenn ich helfe, genuines Zugehörigkeitsgefühl, ich bin wieder ich, zufriedener ohne Alkohol, Gruppe bringt etwas, verändert zum Guten, selbstbewusster, offen und ehrlich, ich fühle mich verstanden, werde angenommen wie ich bin, Spaß am Leben, leider an Rheuma erkrankt, bin gut aufgestellt, Stolz auf mich an der Krankheit zu arbeiten

Über die Autoren:

Burkhard Kastenbutt, geb. 1954, Dr. phil., Diplom Sozialarbeiter / Sozialpädagoge (FH), Erziehungs- und Sozialwissenschaftler. Dozent am Fachbereich Kultur- und Sozialwissenschaften der Universität Osnabrück im Bereich der Familien- und Jugendsoziologie. Langjährige Bildungsarbeit in und mit Suchtselbsthilfegruppen. Grundlagenforschung zu den Ursachen des Erwachsenen- und des Jugendalkoholismus. Zahlreiche Publikation zum Thema „Sucht" in Büchern und Fachzeitschriften. Herausgeber des ‚Jahrbuchs Suchtforschung'.

Müller, Heinz-Werner, geb. 1964, Diplom-Sozialwirt. Tätigkeitsschwerpunkt im Feld der empirischen Sozialforschung. Wissenschaftliche Mitarbeit an diversen empirischen Projekten in verschiedenen Bereichen. Lehraufträge im Bereich der empirischen Sozialforschung und Statistik am Fachbereich Verwaltungsmanagement der Hochschule Osnabrück.